수소 원자 피오의 우주 대탐험

빅뱅에서 생명체 탄생까지

VITA DI UN ATOMO by Luca Sciortino. Illustrations by Noémie Risch-Vannier
© 2010 BY EDIZIONI CENTRO STUDI ERICKSON S.p.A., TRENTO (ITALY)
All rights reserved.
www.erickson.it – www.erickson.international
Korean Translation Copyright © 2022 DARUN MEDIA INC.
Published by arrangement with Edizioni Centro Studi Erickson S.p.A. through AMO Agency.

이 책의 한국어판 저작권은 AMO 에이전시를 통해 저작권자와 독점 계약한 다른미디어에 있습니다.
저작권법에 의해 한국 내에서 보호를 받는 저작물이므로 무단 전재와 무단 복재를 금합니다.

우주여행을 시작하며

이 이야기는 피오 심플리초라고 하는 가상의 수소 원자가 들려주는 그의 삶과 우주의 역사랍니다. 피오는 자신과 같은 친구들로 가득 찬, 아주 붐비고 타버릴 듯 뜨거운 환경에서 태어났어요. 탄생 당시에 피오는 아직 원자가 아니라 양성자일 뿐이었습니다. 원자가 되기에는 부족한 게 있었거든요. 피오는 적어도 40만 년이 지나서야 날쌔게 전자를 잡으며 자신을 '완성'할 수 있었답니다.

지금까지는 아무도 양성자가 붕괴하는 걸 보지 못했어요. 추정하기로는 양성자의 수명이 우주 전체보다 훨씬 길다고 합니다. 그래서 피오는 지금까지 우주에서 있었던 일들을 우리에게 제대로 이야기해 줄 수 있는 거예요. 피오의 삶은 말 그대로 모험으로 가득 찼습니다. 처음에는 혼자 있다가 우주가 팽창한 이후로는 전자와 함께 있었어요. 밀가루, 설탕, 베이킹파우더를 섞은 반죽을 부풀려서 케이크를 만드는 것처럼요. 피오는 우주에서 자신과 비

숫한 원자뿐 아니라 다른 원자와의 화학 반응을 원하지 않는 건방진 기체 원소 그리고 반양성자나 반원자 같은 '적'들도 만나요.

태어난 지 몇억 년이 지난 어느 날, 피오는 자신과 비슷한 수십억의 친구가 모여 있는 곳에 들어가게 됩니다. 어떤 별이었는데, 그 중심부는 피오가 태어났을 때와 맞먹을 정도로 무지무지 뜨거웠죠. 그러다 그 별이 폭발해서 피오는 얼음처럼 차갑고 절반쯤 비어 있는 우주로 내던져집니다. 이후 500~600만 년 뒤에 어린 지구를 만나요. 자신과 같은 원자 하나와 좀 더 몸집이 큰 산소 원자 하나와 함께 물이 되어 지구에 비로 내린 거예요. 여러 우여곡절을 거쳐 동물과 식물 속에도 들어가죠. 심지어 공룡도 그를 마셨는데, 결국은 증발해 지구의 하늘로 자유롭게 돌아갈 거예요.

여러 모험을 거친 우리의 피오는 우주의 진화가 담긴 동화 같은 이야기를 아이들에게 들려줍니다. 사람들이 연구해서 알아낸 것에 불과한지, 아니면 정말로 진짜인지는 확실하지 않지만, 하여튼 우주의 시작이라고 불리는 '빅뱅'에서부터 말이죠. 빅뱅을 시작으로 별, 행성 그리고 생명체가 어떻게 생겨났는지 이야기할 거예요.

이 자그마한 책은 어린이 독자에게 호기심을 불어넣어 줍니다. 아이들은 입자, 원자, 전자 등에 익숙해지고 흥미를 느끼면서 점점 더 많은 걸 궁금해할 거예요. 이 책은 아이들이 본격적으로 책을 읽기 시작할 때부터 과학과 가까워지게 돕고, 주변 세상을 배우는 것이 얼마나 재미있는지를 이해하게 해줄 겁니다.

- 마르게리타 아크 -

안녕, 나는 수소 원자 피오야!

내가 137억 7,000만 년 살아오는 동안 함께 지내 온 모든 수소 원자와 산소 원자에게 이 자서전을 바칩니다. 그들과 함께한 이후로 나는 살아가면서 가장 멋진 시간을 보냈어요. 덕분에 성간 가스, 공기, 비, 바다, 식물 그리고 동물 속에 들어 있었죠.

특히 울적한 자 엘리오 부르베로와 철학자 코시모 아리스토텔레스가 기억나네요. 둘 다 홀로 지내는 외로운 원자였거든요.

그리고 우리 원자들이 어떻게 생겨났는지 알아보려고 힘쓴 모든 인간에게 고마움을 전합니다. 그중 세 사람이 기억나는데, 부디 다른 사람은 실망하지 않았으면 좋겠네요. 그 세 사람은 우리가 있다는 걸 처음 알아챈 사람 중 한 명인 데모크리토스, 시에서 우리 이야기를 해준 루크레티우스, 그리고 우리가 어떻게 만들어졌는지 알아낸 닐스 보어입니다.

모든 어린이에게는 사랑을 가득 담은 인사를 보냅니다. 내가

안녕, 나는 수소 원자 피오야!

그랬던 것처럼 여러분도 이 책을 읽으며 자연의 새롭고 흥미로운 비밀들을 알게 되기를 바라요.

빅뱅 이후 137억 7,000만 년에

- 피오 심플리초 -

주소: 은하수 30000, 오리온자리 팔, 지구(SL) Ⅲ P1AN.

차례

- 우주여행을 시작하며   004
- 안녕, 나는 수소 원자 피오야!   008

나이는 무척 많지만 행복해   015
우주 역사에 남은 가장 이상한 수프   019
엘리오 부르베로와의 만남   025
한번 만나 볼래요?   029

내가 무리에 들어갔을 때	033
함께 사는 건 힘들어	039
꺼내기 어려운 말이야	044
세상이 얼마나 붐비던지	045
다시 해볼게	046
어떤 별에서	050
지구 건설 조직	055
사랑의 편지	059
나쁘고 잔인한 말	065
우리는 여기에 있어	073
유쾌한 3인조	078
이렇게 쌀쌀맞다니!	084
지구로의 다이빙	089
지구 축제	097

비가 내리다	104
수프 같은 바다	108
생명체다, 생명체!	113
바닷속 괴물	116
바람을 따라 하늘로 증발하며	122
화가 났던 이유	125
움직이는 대륙들	134
강자의 법칙	137
어떤 식물 속에서	141
트리케라톱스와의 만남	144
얼핏 새 같기도 하고	148
눈송이가 되어	151
아직은 말이 아냐	155
지구 역사상 가장 큰 재앙	161

내가 기억하는 것들	166
이상한 생명체의 등장	169
머릿속의 기억 그리고 하늘	174

◆ 우주여행을 마치며 178
◆ 추신 179

나이는 무척 많지만 행복해

우주는 들려줄 이야기가 많은
눈에 보이지 않는 것들로 가득 차 있어.

디노 몰레콜로
수소 원자

사랑하는 독자에게. 제목을 보고 금방 알아차렸을 거야. 내가 나이를 숨기는 녀석은 아니란 걸 말이지. 나도 인정해. 나는 나이가 많아. 정말 늙었지. 나는 자그마치 137억 7,000만 살이야. 하지만 너희 생각과 달리 나는 그걸로 툴툴대지 않아. 나는 아주 잘 지내고 있고, 지금도 갓 태어났을 때와 모습이 매우 똑같지. 게다가 이제야 자유 시간이 생겨서 내가 늘 하고 싶었던 일에 푹 빠질 수 있게 되었어. 바로 글을 쓰는 거야. 그래, 고백하자면 오래전부터 글을 쓰는 게 내 꿈이었어. 앞으로 차차 알게 되겠지만 지금까지는 너무 바빠서 글 쓸 시간이 없었거든.

    내가 아는 이야기 중에 가장 멋진 것부터 시작해 볼게. 바로 내 삶이야. 그러니까 나는 내 자서전을 써보려고 해. 그래, 나도 알아. 130억 년이 넘는 시간은 너무 기니까 모든 일을 다 이야기할 수는 없지…. 이건 내 친구들이 말해 준 건데, 모두 내가 해내지 못할 거라고 큰소리쳤대. 모든 걸 이야기하려면 끝없이 늘어나는 백과사전이 필요할 거라면서 말이야. 그런데 나는 걔들이 하는 말에 전혀 신경 안 써. 내 친구 디노 몰레콜로를 빼면 아무도 자서전을 써본 적이 없어서 부러워하는 거라고 생각하거든. 그리고 걔들은 잘못 짚었어. 자연의 모든 아름다움을 우리 원자들보다 잘 아는 이가 있겠어?

    그래! 이제 이해했어? 나는 원자야! 나를 인간으로 생각한 건 아니겠지? 나는 인간이랑 달라. 인간은 자기가 모든 걸 안다고 생각하거나 신문에서 자기 사진을 보고 싶어서 글을 쓰지. 그래, 모두에게 자기 생각을 말하고 싶은 사람도 있기는 해…. 하지만 솔직히 말해서, 나는 130억 살이 넘는데 인간은 많아 봤자 100살이잖아. 인간이 생명, 자연 그리고 다른 것들에 대해 얼마나 알 수 있겠어? 예를 들어서 아직 지구가 없었을 때에 대해 인간이 아는 게 뭐

나이는 무척 많지만 행복해

가 있겠어? 하지만 나는 거기 있었거든. 그리고 식물 안에 뭐가 있는지 인간이 어떻게 알겠어? 하지만 나는 그 안에 들어가 봤거든. 공룡 몸속이 어떻게 생겼는지 인간이 알겠어? 인간이 본 건 뼈뿐인걸!

자, 하고 싶은 말을 했으니 이제 시작해 볼 수 있겠군. 데모크리토스 님, 이 별에서 큰일을 해내려는 저를 도와주세요! 아, 하나만 짚고 넘어가자. 과학자들이 그러듯이 나를 'H'라고 부르지 마. 너무 짧아서 부르면 들리지도 않거든. 내 이름은 피오 심플리초야. 간단하게 말하면 수소 원자지. 수소 원자는 세상에 있는 원자 중에서 생김새가 가장 간단해. 나를 어떻게 상상하면 되냐면, 양성자라고 하는 아주 작은 공 주위에 전자라고 하는 1,836배 더 가벼운 다른 작은 공이 돌고 있는 모습을 떠올리면 돼.

우주에는 나와 다른 원자들이 적어도 80가지쯤 있어. 산소·탄소·질소 등이지. 너희 주변은 모두 원자들로 이루어져 있고, 그중에는 나랑 똑같은 것도 많아. 그런데 아무도 책을 안 써서 수십억 년이 지나 내가 처음 쓰게 된 거지. 그러니까 내 책을 읽으면 흥미로운 모험 이야기를 많이 듣게 될 거야.

나이는 무척 많지만 행복해

우주 역사에 남은 가장 이상한 수프

나는 어떤 불가사의
바로 다음에 태어났어.

피오 심플리초
수소 원자

내가 태어났을 때는 모든 것이 지금과는 아주아주 달랐어. 모든 것이라는 말은 지구뿐만 아니라 우주 전체가 그랬다는 거야. 미안하지만, 우리 원자들이 태어나기 전에 뭐가 있었는지는 나에게 묻지 말아 줘. 솔직히 잘 모르거든. 나에게는 불가사의야. 나는 내가 태어날 때 있었던 것만 말해 줄 수 있어. 그러니까 지구는 당연히 없었고 태양도, 달도, 다른 행성도 없었지.

음, 어떻게 말해야 할까…. 우주를 잊어버려 봐. 너희가 아는 우주의 모든 걸 말이야. 우선 내가 어디서 어떻게 나왔는지 모를 하나의 양성자라고 생각해 봐. 그리고 아주 뜨거운 수프 같은 곳에 나를 비롯해서 나와 비슷한 작은 공들이 있는 거지. 얼마나 정신 사납겠어! 우리 양성자들은 서로 가까이 붙는 걸 싫어하지만 마음 먹은 것과 달리 아주 가까워질 때는 느슨해지지 않을 만큼 서로를 끌어당겼지. 그리고 나와 비슷한 크기의 다른 공들이 또 있었어. 바로 중성자야. 걔들에게 끌려 본 적은 없어. 게다가 좀 무관심해 보이더라고.

그리고 파동들도 있었어. 원래 우리는 파동 속에 잠겨 있었어. 맞아, 파동은 물이 없지만 약간 바다 같더라고. 그리고 어느 순간, 배 한 척이 지나갈 때 바다 위의 나뭇가지가 흔들거리듯 우리도 '딩동' 하고 위아래로 움직이기 시작했어. 파동이 지나가고 나면 다시 잠잠해졌지. 마지막에는 믿기지 않을 정도였어. 내가 반양성자라고 부르는 이들이 등장했거든. 나는 그때 걔들의 진짜 정체는 알지 못했어. 좀 이따가 더는 보이지 않기도 해서 말이야. 그런데 어느 순간 걔네 중 하나가 나에게 암호로 된 편지인 파동을 보내왔어. 내가 해석해 줄게.

안녕, 친구. 나는 안티피오라고 해. 너를 1억 분의 1초 전에 봤는데, 빨리 다시 만났으면 좋겠다.

– 안티피오 안티심플리초

흠, 내가 서둘러 지나가고 있던 게 다행이었어. 내가 보기에 반양성자들은 살짝 제정신이 아닌 것 같거든. 내가 무슨 이야기를 하고 있었더라? 그래, 주제를 바꾸는 게 낫겠다. 내가 태어났을 때는 아주 작은 공간에서 매우 큰 소동이 있었어. 다행히 우리가 있던 이 공간은 조금씩 커졌지. 그래서 우리의 거리가 점점 벌어졌고 모르는 이들이 우리를 귀찮게 하지 않았지.

우리는 미친 듯이 움직였어. 그래, 과학자들이 말하는 것처럼 뜨거웠다고 해볼게. 뜨겁다는 건 우리가 미친 듯이 움직였다는 뜻이야. 지금도 그 옛날에도 열은 움직임을 의미하지. 자, 원자가 이야기하는 걸 들으니 어떤 모습이었는지 잘 떠오르지 않아?

장장 100만 년 동안 나는 양성자로 홀로 남아 있었어. 처음에는 전자가 필요하다고 느끼지 못했지. 게다가 전자를 내 쪽으로 끌어당길 힘도 없었어. 내가 태어난 지 1초도 안 되어 아직 아주 어릴 때, 나는 전자들이 탄생하는 걸 봤어. 아주 작은 공처럼 보였는데, 정말 빠르게 움직여서 어디 있는지도 가늠할 수 없더라고. 솔

직히 말하면 그래서 나는 짜증이 좀 났지만 신경 쓰지 않기로 했지. 걔들은 나랑 아무 상관이 없었으니까. 그러다가 나는 조금씩 생각이 바뀌기 시작했어. 좀 더 쌀쌀해졌을 때, 그러니까 조금 덜 어수선할 때였어. 하지만 내가 전자와 함께하길 바라기 시작했을 때도 나는 여전히 3,000도였지.

그런 생각이 왜 들었는지는 잘 모르겠어. 하지만 어느 순간 나 자신이 뭔가 아쉽다고 느껴졌지. 내가 원자도 아닐 뿐더러 나뭇가지 없는 나무처럼 멀쩡하지 않다고 느낀 거야.

전자 없이 보낸 100만 년은 살아도 산 것 같지 않았어. 내가 나 자신이 아니었기 때문이지. 자기 자신이 아니라면 이 세상에 없는 것과 같으니까. 쉽게 말해서 나는 원자가 되었을 때 진짜로 태어난 거야. 아, 아직도 그 기분이 기억나! 내 삶의 가장 아름다운 순간 중 하나지. 우연이었어, 단지 우연. 나는 나의 전자를 3년 전에 이미 봤었어. 전자가 두 개의 중성자 사이를 비집고 지나가려고 할 때였지. 그런데 그날은 전자가 파동의 흐름에 따라 지그재그로 움직이다 우연히 바로 내 옆을 지나가게 되었어. 그리고 나는 개구리가 모기를 잡듯 '착!' 하고 전자를 잡았지. 야호! 내가 전자를 힘으로 끌어당겼다는 말이야. 어떤 힘이냐고? 음, 양성자와 전자 사이에 늘 있는 힘이지. 어쨌든 나도 모르게 그렇게 하고 싶더라고.

그러니까 나는 전자를 내 곁으로 끌어당겼고 그 순간부터 벌이 벌집 주위를 돌 듯 전자가 내 주위를 빙빙 돌았어. 내가 전자를 잡았을 때 나는 기분이 너무 좋아서 에너지를 밖으로 내뿜었어. 둥글둥글한 멋진 파동이지. 너희가 기분 좋게 앉을 때 "아아아아! 앉으니까 너무 좋다!"라고 말하는 것처럼 말이야. 너희는 말로 표현하지만, 나는 기분이 좋을 때 에너지, 다른 말로 하면 파동을 내보내.

전자를 잡은 순간에 나는 수소 원자가 되었어. 그리고 나는 내가 우주에서 뭘 하고 있는 건지 궁금해졌지. 그렇고말고! 처음에 우리는 같이 좀 놀았어. 나는 전자에게 소리쳤지. "자, 회전해, 움직여, 돌아 봐"라고 먼저 말한 다음 "계속해, 잘하고 있어!"라고 말했지. 그러고는 더 이상 할 게 없었어…. 그래, 나의 전자는 내 주위를 도는 걸 전혀 지루해하지 않았지. 하지만 나는 이렇게 생각한 거야. 수소 원자는 도대체 이 세상에서 무슨 일을 하는 걸까?

그걸 누군가에게 꼭 물어봐야만 했어. 나보다 좀 더 나이가 많은 원자가 없을까 싶었지.

우주 역사에 남은 가장 이상한 수프

엘리오 부르베로와의 만남

화학 결합은
원자들이 우정에 붙이는 이름이야.

울적한 자 엘리오 부르베로
헬륨 원자

내가 그런 생각을 하고 있을 때 이상한 원자 하나가 내 앞에 있다는 걸 알아차렸어. 이 원자는 양성자 두 개와 중성자 두 개가 붙어 있고 주위에 전자가 두 개나 있는 모습이었지.

"저기요! 원자 아저씨!" 내가 소리쳤어.

아무 대답이 없었어.

"양성자가 두 개 있는 아저씨!" 내가 더 크게 소리 질렀어.

그때 나는 그가 "읏!" 하고 중얼거리는 소리를 들었어.

"아저씨, 죄송한데요…"

"아니, 뭘 원하는 거야? 내가 다른 원자랑 말도 섞기 싫어하는 거 모르니?"

"네, 몰랐어요…. 그냥 잠깐 대화하고 싶어서 그랬어요."

"대화? 그런 끔찍한걸! 혼자서 생각하는 게 훨씬 낫지. 고독이 얼마나 멋지냐! 대화가 무슨 의미가 있어?"

'이 원자 제정신이 아니네.' 나는 속으로 생각했어. '그런데 내가 태어난 우주는 어떤 모습이지? 여기보다 좀 더 간단한 우주는 없나?'

"하지만 대화하다 보면 새로운 것을 배우고 생각을 서로 나눌 수 있잖아요." 나는 그에게 대답했어.

"잘 들어, 사랑하는 적이여. 나는 원자가 대화하고 나서 생각을 바꾸는 걸 본 적이 없어. 그리고 걔들 다 성가시고 촌뜨기인 거 못 봤니? 나하고 계속 부딪히고 말이야."

"사랑하는 적이요? 아니, 전…. 전 아무 잘못도 안 했는데요." 내가 파동의 흐름에 따라 흔들리며 말했어.

"그건 우리 헬륨 원자가 다른 것들을 부르는 방식이야…. 혹시 너 이제 막 태어났니?"

"네, 맞아요…."

엘리오 부르베로와의 만남

"그런 것 같았어. 사랑하는 적이여, 내 말 잘 들어. 나는 울적한 자라고 불리는 엘리오 부르베로야. 헬륨 원자지. 나는 헬륨 원자라서 다른 원자와 말하고 싶지 않은 거야. 이 정도면 네 이야기는 많이 들어 준 거라고."

나는 속으로 생각했어. 이러한 원자하고는 함께 지내기 어려울 거라고 말이야. 그래서 떠나기로 마음먹었지. 그래도 그전에 마지막으로 하고 싶은 게 있었어. "질문 하나만 하면 안 될까요?"

"그럼 빨리해, 사랑하는 적이여. 나는 할 일이 많아. 성가신 이와 되도록 대화하지 않는 것도 내 일이지."

"우리가 왜 여기 있는지만 물어보고 싶었어요. 무슨 할 일이 있는 거죠?"

"너는 별다른 취미가 없니?"

"하지만 할 일이 전혀 없는걸요?"

"뭐라고? 예를 들면 나는 다른 원자들을 헐뜯고 깔보는 걸 좋아해. 그럴 여유도 있지. 누구와도 화학 결합을 하지 않은 채 혼자 있고 싶어 하니까 말이야. 나는 화학 결합이라면 질색이야."

"화학 결합이 뭐예요?"

"넌 수소 원자니까, 예를 들면 너와 같은 어떤 원자와 합쳐질 수 있다는 말이야."

그 말을 들은 이후에 나는 아무런 이야기도 들을 수 없었어. 그가 다른 원자와 부딪쳐서 내게서 멀어졌기 때문이지. 아주 멀리서 얼핏 이런 말이 들리는 것 같긴 했지만. "잘 가… 다신 보지 말자…"

나는 소리쳤어. "기다려요! 묻고 싶은 게 하나 더 있다고요!"

하지만 내가 할 수 있는 건 없었고, 그의 대답도 들리지 않았지. 정말 아쉬워! 내가 태어나기 전에 뭐가 있었는지 물어보고 싶었는데 말이야.

나는 속으로 '우주는 정말 이상한 게 틀림없다'고 생각했어. "헬륨 원자들은 왜 누구와도 이야기하지 않으려 하지? 그리고 도대체 수소 원자들은 왜 다른 원자와 합쳐져야 하는 거야?" 나는 머릿속이 정말 복잡해졌어.

엘리오 부르베로와의 만남

한번 만나 볼래요?

우주는 오븐 속의
스펀지케이크처럼 부풀어 오르지.

요리사 지노 메스톨로
구리 원자

나는 갈피를 잡지 못했어. 파동이 지나갈 때는 다른 원자들과 부딪혀서 수많은 방향으로 움직였고, 전자가 멀어지려 할 때는 전자를 다시 데려와야 했어. 정말로 싫증이 났지.

괜찮은 점이 딱 하나 있었는데, 바로 내가 있던 수프 같은 이곳이 느리게 움직이기 시작했다는 거야. 그러는 동안 이 수프는 오븐 속의 스펀지케이크처럼 부풀었지. 딱히 할 일이 없을 때도 언제나 무슨 일은 일어난다니까.

나는 정말 성가신 몇몇 헬륨 원자 사이를 빠져나오려고 했어.

그때 암호로 된 전자파가 다가와서 나의 전자를 100조 번 정도 뛰어오르게 하더라고. 어떤 힘 때문에 전자가 위아래로 춤추는 것 같았지. 나는 뒤숭숭한 그곳에서 편지의 암호를 풀어 보았어.

피오 심플리초 님께.

다음 이야기를 전할 수 있어 기쁩니다.

- 아주 얄미운 헬륨 원자와 마지막으로 부딪친 다음 제가 움직이고 있는 방향과 속도
- 당신이 움직이고 있는 방향과 속도
- 우주에 탄생한 수소 원자와 헬륨 원자의 수, 그리고 위치와 속도

이를 고려하면 제가 당신을 3,237초 안에 만날 가능성은 85퍼센트예요.

만약 만난다면 당신과 '수소분자활동조직'을 세우는 계획에 대해 이야기하고 싶어요.

회원이 된 당신과 강렬한 전자파를 주고받을 수 있기를

한번 만나 볼래요?

기대하며, 진심을 담은 인사를 보냅니다.

그럼 이만.

— 디노 몰레콜로

말할 것도 없이, 나는 편지 내용을 제대로 알아듣지 못했어. 그때까지만 해도 나는 우주의 법칙을 전혀 이해하지 못했던 거야. 그러니까 여기서 일이 어떻게 '돌아가는지' 몰랐지. 어쩌면 그때는 모든 것이 전혀 다를지도 모른다고 잘못 짚었을 수도 있어. 친절한 헬륨 원자도 있을 거고, 혼자 있고 싶어 하는 전자도 있을 거라면서 말이야. 하지만 지금은 좀 더 나이가 들어서 그런지 익숙해졌어. 세상을 있는 그대로 받아들이지. 이제 나는 모든 것이 아주 뚜렷한 규칙에 따라 일어난다는 걸 알아. 달리 말하자면 무슨 일이 일어날지 예상하는 법을 배운 거야. 어쨌든 그 전자파는 내 호기심을 어찌나 자극했던지 나는 3,237초 동안 불안에 빠져 있었어. 나는 이렇게 대답했어.

디노 몰레콜로 님께.

친절한 편지를 보내 줘서 고마워요. 당신의 생각을 이해하려면 시간이 조금 걸릴 것 같아요. 우리가 만나기 전까지는 저 혼자서 할 수 있는 건 없겠지요. 지금으로서는 수소분자활동조직의 계획이 무엇이고, 무슨 쓸모가 있는지도 모르니까요. 게다가 저는 아직 우주에서 제가 뭘 해야 할지 찾는 중입니다.
그럼 이만.

— 피오 심플리초

한번 만나 볼래요?

내가 무리에 들어갔을 때

화학 결합 없이는
아무것도 가능하지 않아.

구스타보 오테토
산소 원자

4,000초가 지났어. 아무 일도 없었지. 그때 나는 만남이 흐지부지되었다고 생각했어. 돌이켜 보면 만날 가능성이 많다고 했지, 확실한 건 아니었으니까. 그러다 나는 갑자기 아주 거센 전자파를 받았어. 전자파가 나의 전자에 매우 큰 에너지를 가해서, 나는 전자가 점점 멀어지는 모습을 보고 말았지. '오, 맙소사! 이렇게 전자를 잃다니.' 나는 겁에 질려 이렇게 생각했어. 다행히 얼마 지나지 않아 전자가 멀어지기를 멈추고 조금씩 내 중심에 가까워지더니, 평소대로 되돌아왔어. 전자가 슬슬 다가올수록 나는 파동 모양으

로 에너지를 뿜어냈지.

혹시 누가 파동으로 신호를 보낸 걸까? 아니면 어떤 원자가 에너지를 내보내는 바람에 그냥 그곳을 지나가던 파동이었을까? 나는 알 수 없었어. 그 순간, 갑자기 내 앞에 거울 같은 게 생겨났어. "에이! 이젠 거울까지 나타나다니. 계속 이런 일이 있으면 내가 우주를 바꾸든지 해야지!"

"아니, 거울이라니 무슨 말이죠? 저예요. 디노 몰레콜로!" 거울 속 내 모습이라고 착각한 그가 소리쳤어.

"하지만… 더 일찍 오시기로…."

"좋은 친구야. 이제 말을 편하게 놓자." 그가 나에게 속삭였어. 나는 속으로 생각했지. '엘리오 부르베로와 이렇게 다를 수가!'

"나도 알아. 더 일찍 도착해야 했는데 3,237초 말고 4,000초 이후에 도착할 가능성이 95퍼센트라는 걸 깜빡하고 너에게 말하지 않았지 뭐야. 부딪치는 횟수도 8,204번이 아니라 8,307번 이후였지." 디노가 이야기를 계속했어.

"아." 내가 말했어. 나는 그런 숫자들은 전혀 신경 쓰지 않았는데 말이야.

"그건 그렇고. 좋은 친구야, 우리 일에 대해 이야기해 보자."

내가 무리에 들어갔을 때

내가 무리에 들어갔을 때

화학 결합 없이는
아무것도 가능하지 않아.

구스타보 오테토
산소 원자

4,000초가 지났어. 아무 일도 없었지. 그때 나는 만남이 흐지부지되었다고 생각했어. 돌이켜 보면 만날 가능성이 많다고 했지, 확실한 건 아니었으니까. 그러다 나는 갑자기 아주 거센 전자파를 받았어. 전자파가 나의 전자에 매우 큰 에너지를 가해서, 나는 전자가 점점 멀어지는 모습을 보고 말았지. '오, 맙소사! 이렇게 전자를 잃다니.' 나는 겁에 질려 이렇게 생각했어. 다행히 얼마 지나지 않아 전자가 멀어지기를 멈추고 조금씩 내 중심에 가까워지더니, 평소대로 되돌아왔어. 전자가 슬슬 다가올수록 나는 파동 모양으

로 에너지를 뿜어냈지.

혹시 누가 파동으로 신호를 보낸 걸까? 아니면 어떤 원자가 에너지를 내보내는 바람에 그냥 그곳을 지나가던 파동이었을까? 나는 알 수 없었어. 그 순간, 갑자기 내 앞에 거울 같은 게 생겨났어. "에이! 이젠 거울까지 나타나다니. 계속 이런 일이 있으면 내가 우주를 바꾸든지 해야지!"

"아니, 거울이라니 무슨 말이죠? 저예요. 디노 몰레콜로!" 거울 속 내 모습이라고 착각한 그가 소리쳤어.

"하지만… 더 일찍 오시기로…."

"좋은 친구야. 이제 말을 편하게 놓자." 그가 나에게 속삭였어. 나는 속으로 생각했지. '엘리오 부르베로와 이렇게 다를 수가!'

"나도 알아. 더 일찍 도착해야 했는데 3,237초 말고 4,000초 이후에 도착할 가능성이 95퍼센트라는 걸 깜빡하고 너에게 말하지 않았지 뭐야. 부딪치는 횟수도 8,204번이 아니라 8,307번 이후였지." 디노가 이야기를 계속했어.

"아." 내가 말했어. 나는 그런 숫자들은 전혀 신경 쓰지 않았는데 말이야.

"그건 그렇고. 좋은 친구야, 우리 일에 대해 이야기해 보자."

내가 무리에 들어갔을 때

"좋아." 내가 대답했어.

"그러니까, 나랑 너는 두 개의 수소 원자잖아."

"응."

"그리고 각각 전자가 하나씩 있지."

"양성자도 하나."

"그래… 내 생각은 어떤 의미에서 이것들을 모두 합치자는 거야."

"무슨 말이야?"

"하나가 되는 거지! 혼자 있는 게 무슨 의미가 있어? 우리는 이유도 모른 채 이 우주에 있잖아. 늘 외롭게 있을 수는 없어. 적어도 같이 수다를 떨거나 네 전자로 탁구를 몇 판 하는 거야."

"그래. 잠깐, 그런데 왜 내 걸로…."

"아이참, 똑같아. 네 거든 내 거든 다를 게 없어. 그러니까 네 걸로 하자."

"알았어. 그런데 탁구나 하려고 수소분자활동조직을 만드는 건 아니지?"

"편하게 지내려고 그러는 거야. 지루함을 이겨 내기 위해 우정을 맺는 것으로 치자."

"그럼 우리가 함께 지낼 방법을 찾아야겠네. 아니면 다른 원자가 부딪쳐서 영영 헤어질지도 몰라."

"그렇지, 그래서 말했잖아. 이 조직을 만들자고!"

"그런데 어떻게 만드는 건데?"

"어떻게 하는 건지 나는 이미 봤어. 우리의 전자들이 우리 양성자들 주변을 한 몸처럼 돌면 돼. 그럼 우리는 수소분자활동조직이 되는 거지!"

우린 이미 매우 가까이 있었어. 디노가 나에게 매우 꼼꼼하게 알려 주긴 했지만, 모든 게 아주 자연스럽게 일어났지.

내 기분이 어땠냐면…. 설명하기는 힘들지만, 뭔가가 나를 빨아들이는 듯한 느낌이 들었어. 아니다. 처음에는 속이 뒤집히는 것 같았어. 내 전자가 이상하게 움직였는데 전혀 막을 수 없었지. 그러다 어느 순간 딸깍하는 소리가 들렸고 그때부터 나는 기분이 아주 좋았어. 그렇게 기분 좋은 적이 없었던 것 같아. 그리고 무슨 일이 일어났는지 알아? 디노와 나는 우리의 에너지, 그러니까 파동을 조금 내보냈어. 내가 말했듯이, 우리 원자들은 나빴다가 슬슬 좋아질 때 늘 그렇게 해. 아, 우리가 합쳐지던 순간이 아직도 기억나. "자자자자… 하나, 둘… 셋! 아아아… 이렇게 좋은 것이 있다

내가 무리에 들어갔을 때

니." 우리는 함께 이렇게 말했고 파동은 떠나갔어.

에너지가 빠져나오고 디노와 나는 하나의 분자로 합쳐졌어. 그리고 우리는 우주에서 빙빙 돌기 시작했지. 이렇게 기분이 좋을 수가! 디노가 이 노래를 부르기 시작한 순간이 아직도 생각나.

날아가자 오오!

노래하자 오 오오 오!

끝없이 어지러운 우주 속에서

피오가 바로 나의 짝이라네

함께 날자, 함께 날자, 행복하게 저 위에서 빙빙 돌면서

언제나 함께할 것에 기뻐하면서

날아가자 오오!

노래하자 오 오오 오!

내가 무리에 들어갔을 때

함께 사는 건 힘들어

큰 강은 작은 개천에서 시작해.
높다란 떡갈나무는 작은 도토리에서 싹이 돋지.
어쩌면 우주도 아주 작은 점이었을지 몰라.

철학자 코시모 아리스토텔레스
아르곤 원자

그런데 말이야. 너희는 권태기라는 게 뭔지 아니? 맞아, 아빠와 엄마가 다툴 때야. 글쎄, 오랜 세월 같이 있다 보면 다툴 수도 있지. 그런데 내가 디노와 얼마나 붙어 지냈는지, 그러니까 너희 말로 하면 얼마큼 오래 '화학 결합'을 했는지 아니? 1억 년! 하여튼 무척 오래되었다는 거야. 그러니 어떻게 권태기가 없었겠어!

그래도 몇 번의 위기를 빼면 나는 디노와 잘 지낸 편이야. 가장 심한 위기는 디노와 붙어 지낸 지 700만 년 후에 있었어. 디노가 우주에 시작점이 있었다고 말했는데, 나는 그건 확실하지 않다고 대답했지. 자, 디노가 얼마나 이상한 의견을 내세웠는지 한번 들어 봐. 디노 말로는 한때 우주는 온도가 무시무시하게 높은 아주 작디 작은 점이었대. 그러다 이 작은 점에 '펑!' 하고 거대한 폭발이 일어나서 시간과 공간이 탄생했다는 거야. 우주는 점점 더 커졌고 어느 순간 이후로는 계속 부푸는 걸쭉한 수프같이 되었대. 그리고 식어 가던 이 수프 안에 양성자와 전자들이 생겨났고, 마지막으로 우리 수소 원자와 헬륨 원자들이 태어났다는 거지.

나는 디노에게 말했어. "알겠어, 작은 점이 계속 커진다는 거지? 좋아, 그런데 어디서?"

"참, 이런 말도 안 되는 질문을 하다니! 내 말 들어 봐, 친구. 미래를 생각하자고. 일어난 일은 일어났다 치고 넘어가는 거야."

"참을성을 좀 가져! 맨 처음 거대한 폭발이 일어나기 전에는 뭐가 있었냐니까?"

"다시 말할게. 먼 옛날은 잊자."

"나는 이런 질문을 계속 던질 수밖에 없어." 내가 말했어.

"아니, 제발, 좀! 차라리 미래에 대해 이야기하자니까! 너는 알잖아. 우리 원자들이 다양한 방법으로 분자를 이루는 것처럼, 몇백만 개씩 모여서 뭔가를 만들어 낼 수 있다는 걸."

함께 사는 건 힘들어

"뭐?" 내가 물었어.

"나는 종종 상상해 보거든. 머릿속에 아주 많은 게 떠올라."

"아주 많은 것? 너는 우주 탄생 이야기를 할 때마다 늘 같은 말만 해! 도대체 우리는 어디로 향하는 건데? 어떤 일이 일어나는 거야? 우리 원자들은 뭘 만들게 되는 건데? 여기는 온통 엉망진창이야! 아무도 나에게 정말로 어떤 일이 있었는지 설명하지 못한다니까. 진실은 뭔 줄 알아? 진실은 모든 것이 탄생한 순간이 실제로 있었다는 증거가 없다는 거야!" 내가 잔뜩 화가 난 채로 말을 마쳤어.

"너 정말 못됐구나!" 디노가 크게 화내며 말했어.

그러고는 나를 탓하고 잔소리하더니 투덜대더라고. 디노가 말했어. "넌 내 말은 귀 기울여 듣지도 않고, 늘 말썽만 피우잖아."

그리고 잔소리가 꼬리를 물고 이어지듯 디노는 더 말했어. "넌 기회만 노려. 나랑 같이 있는 건 단지 뭘 얻을 수 있기 때문이지. 너는 꼭 헬륨 원자 같아. 너는 혼자 있어야 돼. 나는 아침부터 저녁까지 우주에 대해 생각하는데 너는 너만 생각하잖아."

이때 디노는 나에게 자신의 전자를 빼내서 떠나겠다고 협박까지 했어.

함께 사는 건 힘들어

그건 그렇고, 사랑하는 친구들아. 커플의 행복과는 상관없는 이런 말싸움을 빼면 나는 아주 멋진 1억 년을 보낸 셈이야.

그런데 안타깝게도 끔찍한 일이 일어났지.

꺼내기 어려운 말이야

자신의 불행을 이야기하는 건
언제나 힘들어.

이름 모를 파동

나의 소중한 친구들아! 나, 나 못하겠어…. 이 이야기를 꺼내는 건 정말 괴로워! 다음 장으로 바로 넘어갈래….

세상이 얼마나 붐비던지

네가 내게 처음 별 이야기를 해준 순간을
결코 잊지 못할 거야.

갈릴레오 톨로메우스
인 원자

자, 내가 너희에게 나에게 일어난 일들을 이미 말해 줬다고 하고 건너뛸게. 그럼 다른 원자들이 아주 많이 태어난 때로 바로 넘어가 보자!

그때 나는 혼자 우주를 떠돌아다니고 있었어. 아, 나 어떡해? 안 되겠다. 모두 말하는 수밖에…. 이야기를 계속 건너뛸 수는 없으니까. 좋은 일만 말해 주려고 했는데 말이야. 그래, 하지만 이제와 생각해 보면 그 순간에만 나쁜 일이었지. 지금은 그렇지 않아. 그래, 별들에 대해 이야기해 줄게.

다시 해볼게

우주의 원자들은 여럿이 모여서
은하를 이루었어. 치즈 알갱이가 수프 안에서
작은 덩어리들로 뭉쳐지듯 말이야.

요리사 지노 메스톨로
구리 원자

그래, 내가 힘을 내볼게. 음, 지금쯤이면 너희 모두 이해했겠지. 사이를 좁게 하는 어떤 힘 때문에 전자와 양성자가 서로를 끌어당긴다는 걸 말이야. 이것이 전자와 양성자를 한데 묶어 원자를 이루는 힘이야. 너희는 이걸 '전자기력'이라고 부르는 것 같더라. 그럼 헬륨 핵의 양성자 두 개는 왜 합쳐져 있을까? 나는 아직 그 이유를 몰랐어. 그때는 내가 겨우 1,000만 살밖에 안 됐었거든. 서로를 절대 놓지 않게 할 만큼의 뭔가가 그것들을 붙들고 있었던 거야.

당시에 나는 이런 게 다시 궁금해지기 시작했어. 타고난 성격이 좀 그렇기도 하고 상황이 좀 나아지는 것 같았기 때문이야. 우리의 속도는 점점 더 느려졌어. 원자와 분자 모두 말이야. 우리는 서로를 끌어당기고 모두 뭉쳐 있게 만드는 새로운 힘을 느꼈어. 이런 방식으로 수천억 개의 별이 모여서 은하가 만들어진 거야! 그 전까지 원자들은 거대한 무더기들로 모여 우주 전체에 흩어져 있었어. 그 후 으깬 감자처럼 여러 덩어리로 나뉘었지. 그렇게 나뉜 원자 무더기들은 작은 무리, 다시 말해 별들로 나뉘기 시작했어. 나는 은하가 될 곳의 중간쯤에 있게 되었어. 지구가 속해 있는 은하 말이야. 단지 우연이었어. 내가 우주에 있는 수십억 개의 원자 무더기 중에서 너희가 있는 이 은하계에 오게 된 건 말이지.

글쎄, 그때가 지금 같았을 거라고 생각해서는 안 돼. 그때 은하는 원자와 분자가 아직 좀 더 작은 무리로 나뉘고 있어서 뒤숭숭했어. 나와 디노가 있던 원자 무리가 점점 더 좁아지고 있었거든. 디노는 걱정했어. "맙소사! 도대체 무슨 일이야? 이제 좀 움직일 만한 공간이 생기니까, 주변이 다시 뒤숭숭해졌어."

나는 우리를 그 무리에 붙들고 있던 힘은 전자기력보다 약하다고 말해 주면서 디노를 달래려고 했어. 하지만 나도 걱정되더라고. 헬륨 원자들은 별로 도움이 안 됐어. 걔들은 말했지. "이제 끝이다! 이건 중력이야!"

어쨌든 시간이 흘렀어. 우리는 모두 어떤 중심 쪽으로 밀리면서 그 중심 주위를 천천히 회전했어. 나와 디노는 이 강강술래에 거의 익숙해졌지. "강강술래, 세상이 얼마나 아름다운가" 하고 노래를 부르는 이도 있었어.

하지만 나는 노래 부르고 싶지 않았어. 차라리 가장 나쁜 순간을 상상했지. 정말로 끔찍한 운명이 우리를 기다리고 있었거든.

어떤 별에서

잘 가, 내 사랑. 소용돌이가 우리를 깊숙이 끌고 가네.
원자의 부스러기가 우글대는데도. 이리 와, 함께 녹자.
별의 심장 속에서. 밖에는 온 우주가 기다린다.

                    수소 분자 속 원자들의 이별 파동

이야기하다 멈춰서 미안해. 나에게 어떤 파동이 와서 내 친구가 안 보이기 시작했거든.

그러니까, 그 거대한 공. 아니, 헬륨 원자와 수소 분자 무리가 중심 주위를 돌고 있었어. 안타깝게도 나와 디노도 거기 있었지. 우리가 중심에서 꽤 멀리 떨어진 가장자리에 있던 게 다행이었어! 전자에서 나온 파동은 끔찍했지. 전자들은 "아아아!" "잘 있어어어어!" 하며 중심으로 떨어졌어.

디노가 나에게 말했어. "으악, 중심은 너무 뜨거워! 우리 친구들은 쪼개질 거야!" 문제는 나도 디노도 우리 친구들처럼 중심 쪽으로 점점 끌리는 느낌이 들었다는 거야. 그런데 우리가 뭘 할 수 있었을까? 우리는 도망치고 싶었어. 하지만 그 힘, 다시 말해 중력이라는 나쁜 힘이 우리를 거침없이 끌어당겼지. 그리고 모든 것이 점점 더 어지럽게 움직이고 있었어. 나도, 디노도, 전자들도….

내가 탄생한 때처럼 또다시 뒤죽박죽이었고, 한 번도 본 적 없는 파동이 있었어. 그리고 우주의 온도가 낮아져서 우리는 모두 기뻐했어! 그런데 정말 이걸로 끝난 게 맞을까?

어느 순간 나의 소중하고 가여운 친구인 디노가 나에게 말했어. "사랑하는 피오야. 왠지 우리가 곧 영영 헤어질 것 같아." 디노가 말을 다 끝내기도 전에 디노의 전자가 튀어 나갔고 나의 전자도 곧 뒤를 따랐어. 그리고 마침내…. 울컥해서 미안해…. 마침내 디노의 양성자도 어딘지 모를 곳으로 떠나 버렸어…. 아아, 우리는 더 이상 분자가 아니었어. 디노는 사라졌고 나는 쓸모없는 양성자가 되었지. 나 자신이 또다시 전자를 애타게 바라는 바보처럼 느껴졌어.

미안해. 내가 너무 울컥했네. 내가 있던 그 지옥이 사실 별이었다고 아직 말하지 않았구나. 우주에 생긴 최초의 별들 중 하나였지.

그다음에 무슨 일이 있었냐면, 아휴, 이제 내 기억이 좀 뒤죽박죽이야. 그 별이 계속해서 오그라들었던 건 분명해. 그 힘으로 우리는 모두 중심으로 가까이 가게 되었는데, 그러다 갑자기 더 이상 오그라들지 못하는 것 같더라고. 한때 수소 원자에 들어가 있던 아주 많은 양성자에게 끝이 왔지. 그런데 그 끝이 딱히 무엇인지는 어떻게 말해야 할지 모르겠어. 어느 순간 나는 헬륨 핵들도 사라지기 시작했다는 걸 깨달았어. 그러고는 내가 정신을 잃는 바람에 더 이상 아무것도 기억이 안 나.

수천 년이 지난 후에 누군가 나에게 이야기해 줬어. 그때 그 별의 중심 온도는 자그마치 50억 도가 넘었다고 말이야. 나는 내 삶의 가장 나쁜 시기 가운데 하나를 거쳤던 거야.

내가 언제 정신을 다시 차렸는지 알아? 그 별이 폭발했을 때였어. 아주 밝은 빛이 번쩍이며 거대한 폭발이 있었고, 그 후 나는 다시 태어나는 기분이었지. 얼음으로 뒤덮인 은하계에 아주 빠른 속도로 던져졌기 때문이야. 마치 탄생의 순간으로 돌아가는 것 같았어. 그런데 주위를 둘러보니 아주 이상한 점이 있었어. 여덟 개씩 무리를 지은 수십억 개의 양성자가 나와 함께 이동하고 있었던 거야. 그게 무슨 말이냐고? 78개씩 모인 무리도 있었어.

어떤 별에서

서로를 밀어내기만 하던 양성자들이 왜 그렇게 가까이 있었을까? 답은 간단해. 아주 가까운 거리에 있는 두 개의 양성자가 서로를 끌어당긴다고 말했던 거 기억해? 바로 그거야. 별 속에서 양성자들은 서로 거의 닿을 만큼 빠른 속도에 다다르지. 그러고는 서로를 끌어당기기 시작하는 거야. 그러니까 폭발한 별에서 하나의 양성자뿐만 아니라 양성자 무리가 떼로 나온 거지. 다행히 자유 전자들도 거기 있었어! 내가 하나만 잡을 수 있었더라면….

우리가 빠른 속도로 던져지는 동안, 몇몇 양성자 가까이를 지나가던 어떤 전자가 다음과 같은 파동을 보냈어.

훌륭하신 양성자 여러분.
조금 진정해 보세요!
때가 되면 여러분은 전자를 갖게 될 겁니다. 하지만 이 우주에서는 이런 규칙이 따른다는 걸 기억하세요. 원자에서 양성자와 전자의 수는 같아야 한다는 것을요!

나는 혼자였기 때문에 전자를 하나만 가질 수 있다는 말이었어. 사실 나는 그 이상을 원하지도 않았어. 몇 년이 흘렀고 할 일도 없으니, 전자를 가지고 싶다는 생각뿐이었지. 그건 나의 집착이었어. 마침내 날씨가 좀 더 시원해졌을 때, 나는 때가 되었다는 걸 깨달았어. 내 근처에서 전자를 하나 보았고, 나는 아주 솔직하게 다음과 같은 파동을 보냈지.

사랑하는 전자에게,
우리는 서로를 위해 만들어졌어요. 나는 그게 느껴진답니다. 나랑 같이 가요.

— 피오 심플리초+

나는 내 이름 옆에 + 기호로 서명했어. 나에게는 전자가 없었기 때문에 내가 진정한 원자가 아니라는 걸 알려 주려고 한 거야.

아, 얼마나 아름다운가! 정말 기쁘구나! 이런 즐거움이라니! 살아간다는 게 얼마나 아름다운지. 그 전자는 내 주위를 빙빙 돌았고 우리는 마치 로켓을 발사하듯 파동을 내뿜었어. 무슨 말이냐고? 파동이 빛의 속도로 나왔다는 거야.

나는 다시금 아주 반듯한 진짜 수소 원자가 되었지.

어떤 별에서

지구 건설 조직

별들은 내가 한 번도 본 적 없는
원자들을 만들어 냈어.

피오 심플리초
수소 원자

음, 나는 이미 예상하고 있었어. 전자를 원하는 건 나뿐만이 아니라는 걸 말이야. 전자를 가진 온갖 크기의 원자들이 딱 양성자 수만큼 생겨났어. 어떻게 가능하냐고? '휙!' 하면 전자 하나가 주위에서 윙윙대는 거지, 뭐. '휙!' 하고 다른 전자 하나가 잡히면 그게 행성 주위를 도는 위성처럼 거기서 윙윙 도는 거야. 나는 그렇게 수천 개의 원자가 생겨나는 걸 보았어. 잊지 못할 순간이지. 그리고 나는 늘 이야기해. 큰 원자들은 별의 자식이라고 말이야. 별 안쪽의 에너지 덕분에 양성자들은 두 개 이상의 수로 뭉칠 수 있었어. 그렇게 전자가 여러 개인 원자를 만들 수 있었던 거야. 그런데 내가 참을 수 없던 게 딱 하나 있었어. 바로 헬륨 원자들도 또다시 생겨난 걸 보는 거였어. 얼마나 끔찍했는지!

어느 날 이상한 일이 일어났어. 내 주변에 먼지가 많아진 거야. 별들의 지옥에서 온, 수십억 개의 원자로 이루어진 알갱이였어. 듣자 하니 걔들은 서로 친구를 맺었다더라고.

나는 철 원자에게 물었어. 주위에 26개나 되는 전자가 윙윙거리는 알갱이들이 왜 있는 거냐고. 철 원자는 이렇게 대답했어. "있을 수밖에 없지! 수백만 년 동안 아무도 우주를 청소하지 않았으니까!" 나는 쉽게 속는 편이긴 하지만, 이번엔 아니야. 걔는 정말 바보가 아니라면 아직 어려서 농담을 하고 싶었던 거야. 잊지 마. 뭔가를 알아내고 싶다면, 스스로를 믿는 게 가장 좋아. 자세히 보니 알갱이에 전자기로 '지.건.조'라는 글자가 새겨져 있었어. 나는 '이게 무슨 소리야?'라고 생각했지. 물어보고 싶었지만 조금 부끄러웠어. 그래서 나는 이런저런 이야기를 꺼내면서 대화를 시작했어. "저기 원자 여러분! 쌀쌀하지 않아요?" 실제로 날씨가 선선해지고 있었거든.

"그래서 좋죠. 적어도 좀 천천히 움직이게 되잖아요." 모두가

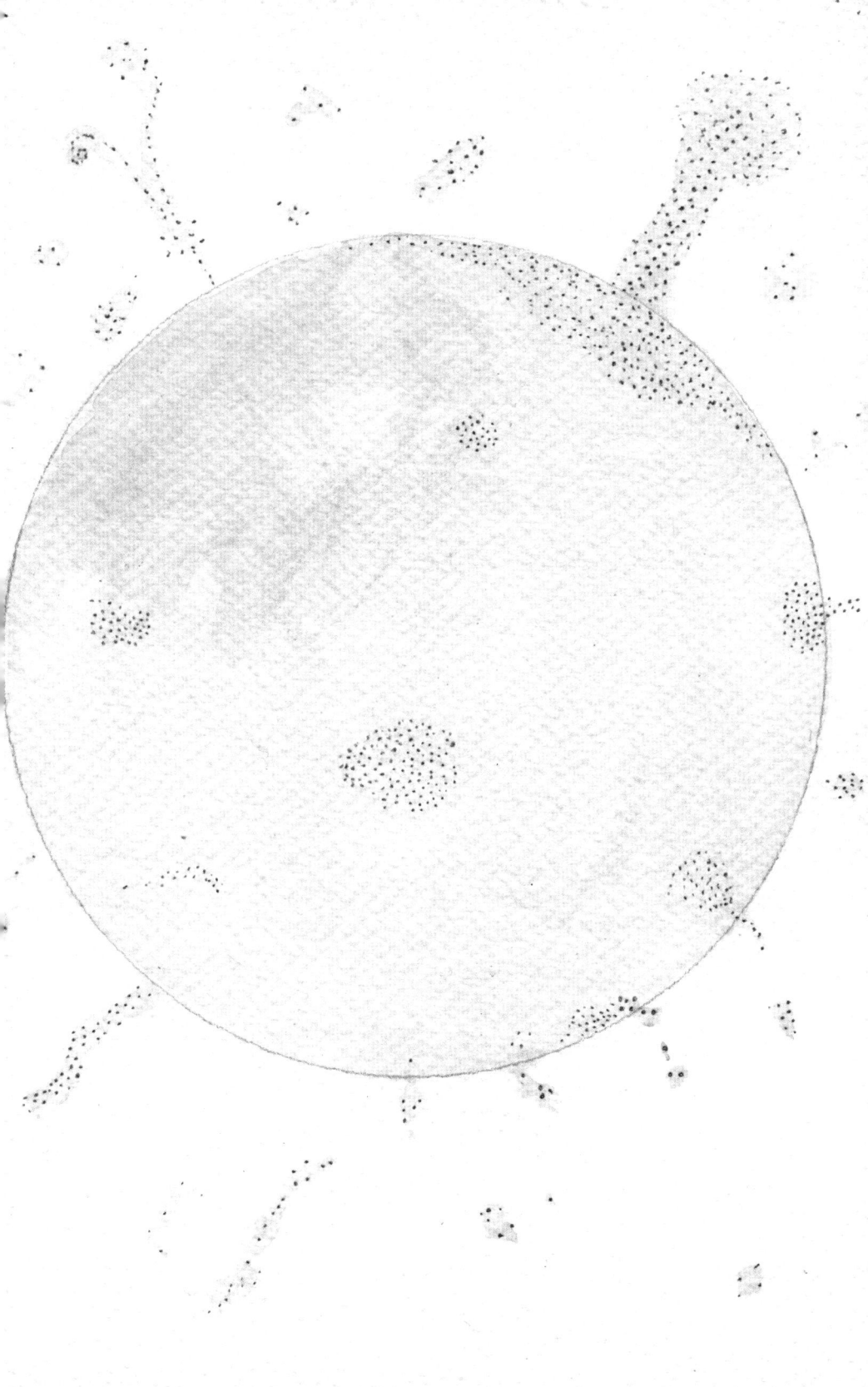

하나의 원자인 것처럼 대답했어.

"죄송하지만 지건조가 무슨 뜻인가요?"

"지구 건설 조직."

"그게…."

"음. 먼지, 분자, 원자… 아무튼 지구라고 하는 거대한 공을 만들기 위해 모이는 것들이야. 다시 말해 평화로운 미래가 있는 아름다운 행성을 만들려는 조직이지."

"그런데 그걸 어떻게 건설하는 거죠?"

"원자들을 서로 묶어 주는 중력을 이용하면 돼."

'정말 흥미로운 계획이구나!' 나는 이렇게 생각했어. 그러는 동안 나는 그 먼지 알갱이에서 점점 더 멀어지고 있었지. 나는 작별 인사를 했어. "틀림없이 다시 만날 거야! 곧 보자!"

사랑의 편지

수프의 가장 놀라운 점은
그 속에 사랑이 있다는 거야.

요리사 지노 메스톨로
구리 원자

그 후 몇 년 동안, 나는 다른 원자들과 함께하고 싶은 마음이 더욱 커졌어. 하지만 나는 여전히 디노를 잊지 못하고 있었지. 디노를 많이 생각했고 종종 추억에 사로잡혔어. 그래서 나는 더 이상 두 개로 이루어진 분자 관계를 원하지 않았어. 이미 여러 번 시도하고 실패했거든. 나는 모든 원자를 디노와 비교했고 디노가 그 비교에서 늘 이긴 거야. 어쨌든 나는 어떤 무리에 들어가고 싶었고, 그래서 원자 세 개 이상의 결합이 나에게 알맞다고 생각했어. 물론 내가 다른 원자들의 초대를 마냥 기쁘게 거절한 건 아니야. 몇십억 년이 지나고 나서 나는 이때 받은 편지들을 여러 번 되짚어 봤어. 만약 내가 받아들였다면 내 삶은 다르게 펼쳐졌을 거야. 그리고 지금 나는 아예 다른 이야기를 쓰고 있겠지.

내가 받은 첫 번째 사랑의 파동은 수소 원자에게서 온 거였어. 그는 정말 가깝게 내 곁을 지나가서 내 의지와는 상관없이 우리는 거의 분자를 이룰 뻔했지. 수소 원자는 틀림없이 자신만만한 원자였을 거야. 그가 나에게 쓴 걸 읽어 봐. 어찌나 자신감이 넘치던지.

사랑하는 피오 씨에게.

당신 곁을 가까이 지나간 것만으로도 나는 무척 기뻤답니다. 솔직하게 고백할게요. 나는 당신에게 이미 푹 빠졌어요. 그리고 틀림없이 당신도 나를 사랑한다고 믿어요. 하지만 나는 이상한 자존심이 있어서 당신이 나에게 그 말을 해줬으면 해요. 아! 나는 우리가 하나의 분자로 합쳐질 걸 알아요. 사랑의 파동 속에서 물결치며 나는 행복해지고 나의 전자는 기분이 마구 들뜰 거예요. 그래요, 나의 사랑 피오. 그 놀라운 세 글자를 말해 주세요. 그 말은 우주 역사를 통틀어 큰 힘을 지닐 거예요. 나에게 그 말을 한 번

사랑의 편지

만 해주세요. 그럼 매우 단단한 화학 결합으로 우리는 하나가 될 거예요. 수소 분자 말이에요. 솔직해지세요. 우리가 생각하고 바라는 건 무엇이든 전혀 하찮지 않아요. 그러니까 솔직하게 털어놓을 수 있어요.

정말로 사랑하는 피오 씨. 나를 우주에 머물게 하는 희망을 앗아 가지 마세요.

- 당신의 로메오 미엘레

맙소사, 친절하기도 해라. 하지만 나는 그럴 마음이 없었어. 내가 뭘 할 수 있었을까? 그래서 나는 아예 답하지 않는 게 낫겠다고 생각했지. 어쨌든 그 수소 원자는 자신감을 너무 드러내서 나랑은 맞지 않을 것 같았어. 그는 어김없이 다른 수소 원자를 찾을 수 있을 거야. 결국 우리는 우주에서 가장 널리 퍼진 원자들이니까!

이번에는 다른 원자 이야기를 들어 봐. 전자가 17개 있는 염소 원자였어.

나의 사랑에게.

나는 내 주위의 세상을 관찰하다가 궁금한 점이 생겼어

요. 깊이 생각할 만한 멋진 것은 도대체 어디 있을까? 오랫동안 마음껏 생각한 후에 나는 답을 찾았어요. 사랑하는 피오 씨. 당신이 바로 가장 아름다운 존재랍니다. 다른 건 나에게 중요하지 않아요. 내 안에 큰 욕심이 피어났고, 그걸 해내지 않으면 나는 절대 행복하지 못할 거예요. 바로 당신과 분자를 이루고 싶다는 거예요.

- 당신의 프랑코 바바

나는 그와 함께 붙어 있고 싶지 않았어. 나는 좀 더 날씬한 이들이 좋거든.

그런데 어디로 가서 같이 살자고까지 말하더라고….

사랑하는 피오에게.

이 편지를 읽고 당신이 기뻐하면 좋겠네요. 지금 상황이 아주 좋아요. 우주는 식고 있고 어디든지 새로운 세상이 생겨나고 있죠. 우리 원자들에게 새로운 가능성이 끝없이 주어지는 거예요. 나를 믿어줘요. 사랑이 없으면 우리는 행복할 수 없어요. 당신에게 내 사랑을 드리며, 나와 같

사랑의 편지

이 가게 될 멋진 곳으로 초대할게요. 감미로운 전자기파를 내보내는, 태양 근처에 있는 우리만을 위한 조용한 행성으로 말이에요. 어떻게 생각해요? 내가 바라는 건 그것뿐이에요.

달콤한 말이지 않니? 하지만 나는 바보가 아니었어. 어떤 원자가 자기가 갈 곳을 결정할 수 있겠어? 원자들은 안타깝게도 운명이 이끄는 곳으로 어디든지 가기 마련이지. 우리도 삶을 스스로 결정하고 싶지만 현실은 운명이 우리를 어디로 데려갈지 결정해. 작게 부딪치거나 파동이 우리를 치고 가기만 하면 '휙!' 하고 말이야. 그러면 삶이 아예 다른 방향으로 펼쳐지는 거야. 어쨌든 나도 잘 알아. 사랑에 빠지면 바라는 게 무엇이든 해낼 수 있다고 생각하는 거 말이야.

내가 받은 이런 편지들은 우주가 그저 원자, 파동, 힘, 공간 등으로 뒤죽박죽된 곳이 아니라는 걸 나에게 알려 줬어. 그 이상의 것이 있었지. 바로 사랑이야. 그러니까 우주를 하나의 케이크를 부풀리는 것으로 상상하면 말이야. 사랑은 그 위에 뿌려진 슈거파우더라고 볼 수 있어.

그런데 내가 마지막으로 받은 편지는 맺음말이 이상했어.

내 모든 쿼크를 다 바쳐.
불소 센자테라 씀

나는 그때 쿼크가 뭔지 전혀 몰랐어. 물어보러 다녀야 했지. 너희가 무슨 생각을 하는지 나도 알아. 내가 매번 그런 질문만 한다고 생각하고 있잖아. 하지만 내 삶의 재미가 이런 걸 어쩌겠어? 새로운 걸 배우는 즐거움은 모든 고통을 잊게 해주거든. 그래서 나는 내 호기심을 채워 줄 만한 누군가를 찾으러 나섰지.

나쁘고 잔인한 말

우주에는 은하들이 있고, 은하에는 별들이 있고,
별에는 원자들이 있고, 원자에는 양성자들이 있고,
양성자에는 쿼크들이 있는 거네요.
그럼 쿼크 안에는 뭐가 있죠?

피오 심플리초와 철학자
코시모 아리스토텔레스의 대화에서

이 이상한 우주에 대해 내가 이해한 게 하나 있다면, 그건 바로 헬륨 원자들은 누구와도 화학 결합을 원하지 않더라는 거야. 어떤 의미로 헬륨 원자들이 무뚝뚝했던 이유가 이 때문이었던 거지. 좋은 분자를 만들려면 전자를 다같이 써야 하는데, 헬륨 원자들은 자신이 가진 것들로 만족했어. 그렇게 타고난 거지.

나는 곧 이런 성격의 원자들이 더 있다는 걸 알아차렸어. 그중 하나는 내가 디노를 잃고 혼자 지내던 중에 만났어. 그는 핵 안에 양성자 여덟 개와 그 주위를 도는 전자 여덟 개를 갖고 있었지.

그는 아주 건방진 분위기를 풍기며 내 근처를 지나쳤어. 파동 하나가 나에게 그가 있다는 걸 알렸지. "아주 훌륭하신 오노프리오 라밍고 네온 자작으로, 그는 은하수의 왕자이자 태양계의 백작이며…" 그리고 내가 지금은 기억하지 못하는 다른 이름도 덧붙였어. "…께서 지나가려고 하십니다. 상황에 맞게 자세를 갖춰 주십시오."

"죄송하지만, 뭘 어떻게 해야 하죠?"

"뻔뻔스러운 것. 네온 원자께서 지나가시는데 그렇게 뒤돌아 있는 거 아니야. 그는 고상하신 기체이자 전통을 따르고 남의 간섭을 싫어하는 원자이시며…"

쉽게 말하자면 나는 네온 원자를 부르는 이름을 모두 들으면서 그쪽으로 몸을 돌려야 했어. 겨우 대화를 시작했는데, 그는 처음에 나와 이야기하려고 하지 않았어. 하지만 나는 고상한 기체를 어떻게 대해야 하는지 이미 알고 있었지. 다른 원자에 대해서 말도 좀 해보라고 부추겼고, 결국 내가 원하던 걸 얻어 냈어. 그는 온갖 나쁘고 잔인한 말을 덧붙이면서 이야기를 이어 나갔지. 예를 들면 이런 이야기였어.

"첫째, 산소는 상스러운 놈이다. 알루미늄·티타늄·철·마그

나쁘고 잔인한 말

네슘·규소 등 금속 원자들과 실없이 장난치며 다닌다(그가 말한 그대로야). 종종 비슷한 것들과 함께 산소 분자를 이루는데, 걔들은 지나가면서 인사도 전혀 안 한다. 산소는 이미 전자를 여덟 개 가지고 있고 두 개가 더 필요한데, 그걸 얻어 내려고 거짓말하고, 훔치고, 사기를 친다. 둘째, 규소는 세상에 있는 원자 중에서 가장 끈적댄다. 다른 원자를 붙잡으면 절대 놓지 않는다. 가까이 가면 안 된다! 셋째, 불소, 염소, 브로민은 전자를 찾는 일만 한다. 일곱 개로는 만족하지 못한다. 하지만 행복은 만족에서 나온다. 그들은 큰 실수를 하는 거다. 넷째, 탄소는 우주에서 일어나는 모든 문제에 책임이 있다. 모든 은하에는 탄소가 있고, 모든 분자에도 그 가운데에서 탄소가 이상한 말을 지껄이는 걸 볼 수 있다."

네온 원자는 나를 비롯한 다른 원자들도 나쁘게 말했어. 혼자 지내는 걸 견디지 못한 내 잘못이지. 나는 그가 모든 이를 나쁘게 말하는 걸 더는 들을 수 없었지만, 그 자리를 떠날 마땅한 핑계를 찾지 못했어. 다행히 그의 친구인 다른 고상한 원자가 곧 근처를 지나갔지.

"어이, 오노프리오! 너 언제부터 흔한 수소 원자랑 친하게 지낸 거냐?"

"이 주위를 돌아다니는 원자들에 대해 경고해 주려는 거야."

그들은 그렇게 이런저런 이야기를 시작했어. 나는 새로 온 원자가 아르곤 원자라는 걸 알게 되었지. 그는 자그마치 원자 17개를 갖고 있었지. 늘 위치가 바뀌기는 하지만, 그중 여덟 개는 핵에서 멀리 떨어진 바깥쪽에 있었어. 다른 전자들과 핵을 둘러싸는 껍질을 만드려는 듯이 말이야. 그걸 관찰하니 화학 결합을 바라지 않는 게 이해되더라. 겉모습이 완벽한데 바뀔 이유가 있을까?

어느 순간 나는 오노프리오 라밍고 네온이 나에게 자기소개도 하지 않은 걸 깨달았어.

"반가워요. 저는 피오 심플리초예요."

"반갑지 않아. 나는 코시모 아리스토텔레스야." 새로 온 이가 말했어.

그 이름을 듣고 나는 깜짝 놀랐어. "아리스토텔레스… 철학자 코시모 아리스토텔레스요?"

"그렇다만."

그는 우주의 외로운 사상가들 중에 가장 유명하고, 우리 원자들 사이에서는 아주 존경받는 원자였어.

"정말 영광이에요."

"영광? 하! 하! 하!" 그는 갑자기 요란하게 웃어 젖혔어. 그러고는 말을 이었지. "영광은 원자 중에 고상한 기체, 그러니까 헬륨, 네온, 아르곤, 크립톤, 제논, 라돈만 받을 수 있지."

"그렇죠. 그래도 저는 기뻐요."

"기쁘다고? 왜 기쁘다는 거야? 내가 너랑…. 뭐라고 해야 할까…. 아주 잠깐이라도 말이야…. 작고 흔한 원자인 너랑 화학 결합을 이룰 거라고는 생각하지 마."

"그게 아니라, 당신께 정중하고 겸손하게 질문을 하나 할 수 있게 되어 기쁜 거예요."

내가 말을 막 마쳤을 때, 어떤 커다란 분자가 와서 '쾅!' 하고 코시모 아리스토텔레스와 크게 부딪쳤어. 나는 운이 좋았지. 그의 곁에서 조금 더 말을 붙일 수 있게 되었으니까 말이야. 하지만 그는 화가 나 길길이 날뛰기 시작했어. "예의 없는 것들! 역겹다니까! 우주는 바뀌고 있는데, 예전처럼 교육을 안 하니까." 코시모 아리스토텔레스는 여기저기 흩어진 전자들을 아주 힘겹게 정돈하려고 애쓰면서 소리쳤어.

나는 그때를 틈타 질문을 던졌어. "당신은 배운 분이니 아시겠죠. 도대체 쿼크가 뭔가요?"

나쁘고 잔인한 말

"흠, 멍청한 원자야. 우리의 양성자들이 세 개의 입자로 이루어진 게 보이지 않니? 그리고 중성자들도 말이야."

"그건 알죠."

"그래. 누군가는 그걸 쿼크라고 불러. 내 연구에 따르면, 양성자와 중성자가 있기 전에 우주는 쿼크와 전자 그리고 그들의 반입자들로 이루어진 끓어오르는 바다였어."

"반입자요?"

"응. 똑같은 입자지만 전하가 반대인 것들이야."

"파동도 많았겠죠?"

"물론이지!"

"우주에는 은하들이 있고, 은하에는 별들이 있고, 별에는 원자들이 있고, 원자에는 양성자들이 있고, 양성자에는 쿼크들이 있는 거네요. 그럼 쿼크 안에는 뭐가 있죠?"

"내가 알기로 쿼크는 나뉠 수 없어. 네가 상상할 수 있는 어떤 점보다도 작은 점 같은 거지."

"그런데 우주 또한 아주 작은 점인 게 사실인가요?"

"내가 연구한 바에 따르면 약 137억 7,000만 년 전에 엄청난 폭발이 있었어. 그리고 우주가 탄생했지. 잠시 후, 그러니까 0.0000

00000000000000000000000000000000000001초 후에 우주 전체는 나 같은 원자보다도 훨씬 더 작았어. 양성자들은 조금 더 지나서 생겨났지. 그럼 이제는 뭐라고 해야 하지…. 그냥 가봐. 좀 멀리 떨어지라고…. 내 옆에 그만 달라붙어 있어."

그래서 나는 말을 멈추고 운명이 우리를 떨어뜨리기를 기다렸어. 얼마 안 돼 다른 헬륨 원자와 부딪치면서 우리는 멀어졌어.

나쁘고 잔인한 말

우리는 여기에 있어

나는 여기서 잘 지내. 다른 은하가 천억 개 더 있고, 각각 그 속에 별이 수천억 개씩 있다 해도, 나는 상관없어.

피오 심플리초
수소 원자

자, 어디까지 이야기했더라? 나는 은하수의 어떤 별에서 아주 빠른 속도로 튕겨 나왔고, 다음에 무슨 일이 일어나는지 보려고 가만히 있었어. 음, 그리고 그 후 수십억 년 동안 매우 많은 분자가 만들어지는 걸 보고, 하나가 되어 함께 있으려는 마음이 우주의 진정한 힘이 아닐까 생각했지. 은하수가 얼마나 아름다웠는지! 떠돌아다니는 원자들, 다시 말해 너희가 기체라고도 부르는 것이 어디든지 있었어. 먼지도 아주 많았지. 하지만 나에게 태양에 관해서는 묻지 마. 말해 줄 만한 게 많지 않거든. 나는 이미 어떤 별에서 지내 본 적이 있어. 너희도 알다시피, 그건 정말 무시무시한 일이었지. 그래서 나는 태양을 쳐다보지도 않았어.

어쨌든 태양은 지금과 똑같았고, 은하는 태양이 생겨나기 100억 년 전부터 이미 있었지. 신기한 점은 뭐였냐면, 모든 원자와 물질의 부스러기가 태양 주위를 조금씩 돌기 시작하면서 거대한 원반 같은 게 생겨난 거야. 몇 년 후에 그 원반은 원자로 이루어진 커다란 공들로 나뉘었어. 그런 공을 구성하는 원자들은 중력 때문에 함께 붙들려 있었지. 여러 번 시끄럽게 부딪치는 소리가 들렸어. 큰 공들이 좀 더 작은 공들을 끌어당겼고, '쿵!' 하고 무서울 만큼 큰 소리가 들렸지! 그 공들에서 좀 더 작은 공들이 산더미처럼 쏟아져 나왔어. 그리고 그 공들은 점점 더 커졌고 여전히 펄펄 끓던 행성들이 되었지. 그중 하나가 지구였어. 아! 지구가 생겨나는 모습은 정말 놀라웠지.

만약 다른 나라에서 태어났더라면 너희의 삶이 어땠을지 생각해 본 적 있을지 모르겠다. 나는 해봤어. 그러니까 우주의 다른 곳에서 내 삶이 어땠을지 상상해 봤다는 말이야. 틀림없이 정말 이상한 장소들이 있을 거야. 하지만 거기에 너희 같은 인간이 살지 않는다면(아무도 모르는 일이지만), 원자로서 좀 슬플 것 같아. 어

우리는 여기에 있어

떤 원자가 자서전을 써도 아무도 그걸 읽지 않을 테니까 말이야. 자, 그러니까 내 말은 내가 너희 인간들이 사는 곳에 와서 살게 되어 기쁘다는 거야. 지구의 좋은 점은 공기가 있는 것, 그것도 중력 때문에 붙들린 두꺼운 공기가 있다는 거야. 그래서 많은 원자가 그 주위를 자유롭게 돌아다닐 수 있지. 나는 지구 탄생부터 지구의 공기 속에 있었어.

물론 지구 근처에는 나쁘지 않은 행성들도 있어. 음, 수성은 너무 더워. 정말로 매우 뜨겁지. 한번 상상해 볼래? 거기서 나는 속도가 너무 빨라지는 바람에 수성의 끌어당기는 힘에서 벗어나게 될 거야! 그러고는 내가 또 어디로 가게 될까! 금성? 흠, 금성도 태양에 너무 가까워서 나는 멀리 떨어져 있을수록 나아. 그리고 어디로 갈지는 내가 정하는 게 아니야! 평범함과는 거리가 먼 내 친구 하나가 언젠가 나에게 말해 줬어. 목성에는 탄소·질소·산소 원자와 함께하는 수소 원자가 아주 많다고 말이야. 하지만 성질이 정말 더러운 헬륨 원자도 많대. 걔들은 물론 혼자 지내지.

어쨌든 다른 행성 이야기를 해봤자 아무런 의미가 없어. 운명이 나를 지구로 데려왔는걸! 그때 나는 지구의 불타는 바깥쪽에서 멀지 않은 거리에 있었고 많이 걱정했어. 그러다 지구가 엄청난 중력으로 나를 끌어당기는 걸 느꼈지. (그제야 나는 알아차렸어. 함께 뭉치는 원자가 많을수록 행성에서 주위의 모든 것을 끌어당기는 힘이 커진다는 걸 말이야!) 처음에 나는 불타는 지구 속에서 으스러질까 봐 두려웠어. 지구가 식고 굳을 때까지 나는 몇천 년을 버텨야 했지. 다행히 내가 갖고 있던 에너지 덕분에 안심할 수 있었어. 지구 근처의 높은 온도에서 나는 1초마다 2,000미터가 넘는 속도에 이르렀어. 마치 작은 미사일처럼 말이야! 뚱뚱한 산소 원자들은 두 개씩 모여서 하나의 분자를 이루었는데, 나랑 비교하면 아주 느렸어. 그들 중 몇몇은 1초마다 500미터를 조금 넘겼지!

어쨌든 나는 지구와 적당히 떨어져 있었고, 부딪치면서 정반대 방향들로 튀어 올랐어. 매우 빠른 속도로 말이지. 그런데 내가 그때 뭘 깨달았는지 좀 들어 봐. 나는 갑자기 "이이이이아아아!" 하는 소리를 들었어. 그러고는 파동이 점점 옅어지면서 "자아아알 이이이있어어어어어!"라고 말했지.

맙소사! 그건 헬륨 원자뿐 아니라 수소 원자와 분자들이 소리치는 거였어.

다른 네 개의 수소 원자와 함께 큰 분자를 이루고 있던 탄소 원자가 나에게 그게 무엇인지 친절하게 설명해 줬어. 속도가 너무 빠른 나머지, 많은 수소 원자와 헬륨 원자가 영원히 떠나가고 있었던 거랬어. 실제로 지구의 끌어당기는 힘이 거의 미치지 못할 만큼 그들은 너무 멀어졌지. 그러고는 아무도 모를 곳으로 가는 거야. 이걸 알게 된 이후로 나도 지구의 공기에서 벗어나 위험한 장소로 가게 될까 봐 무척 두려웠어. 우리 원자들 사이에서는 우주에 블랙홀이 있다는 소문이 돌았어. 엄마야! 그건 우주에 난 구멍 같은 거래. 항성과 행성 그리고 우주 안에 있는 모든 것을 집어삼키는 끝없는 구덩이 말이야. 그 어떤 것도, 심지어는 빛조차도 거기서 절대 빠져 나올 수 없대. 나는 무서웠어….

유쾌한 3인조

펄펄 끓던 어린 지구는 주위를 돌며 우주를 휩쓸었어.
지나가는 길에 만난 돌과 먼지들을 모았지.

린도 스파촐라
탄소 원자

    옛 지구의 어지러운 하늘 속에서 내 이름을 부르는 목소리를 들으니 기분이 정말 이상했어. 한편으로는 안심이 되더라. 그때 나는 잔뜩 겁이 났었으니까 말이야.

    "피오!"

    '이런! 누가 날 부르잖아.' 나는 속으로 생각했어. 어떤 이상한 파동이었는데, 내가 보기에 세 개의 파동이 합쳐진 것 같았어. 너희로 치면 세 사람이 같은 말을 소리치는 것처럼 들리겠지.

    "아니! 대체 뭐지?"

"피오! 피오! 피오!"

그건 병아리가 아니었어. 동물도, 식물도 아니었지. 생명체가 아니었던 거야! 그때는 아직 지구에 그것들이 없었어. 생명체는 한참 뒤, 지금으로부터 거의 45억 년 전에 생겨났어. 게다가 그 당시에 지구는 불타오르는 거대한 공이었지.

"누가 날 부르는 거야?"

"심플리초 씨, 우리예요!"

자, 그럼 한번 물어볼게. 이 파동들이 어디서 왔는지 내가 알 수 있었을까? 우선 나는 파동들을 여러 곳에서 받고 있었어. 어떤 원자가 다른 원자와 부딪치기만 하면 전자들이 파동을 만들어 내며 여기저기로 튀어 오르기 시작했거든. 그리고는 원자들 사이에 큰 소동이 일었지.

"우리라니 누구냔 말이야? 좀 기다려 봐!"

"앗… 조심해… 아이쿠!"

나는 누군가 힘겹게 내 쪽으로 오려고 한다는 걸 알아챘어.

어느 순간 나는 또다시 "피오오오오!"라고 부르는 소리를 들었지.

나는 대답하려던 참에 원자 세 개가 나에게 가까이 다가오는 걸 봤어. 그들은 누가 봐도 무리를 이루고 있었지. 많은 전자가 두 개의 핵을 하나처럼 여기고 그 사이를 깡충거리고 있었어. 세 원자 중 둘은 수소 원자였고, 나는 금방 알아보았어. 다른 하나는…. 나는 그 핵 안의 양성자를 세어 보았어. 일곱 개로, 질소 원자였지.

"심플리초 씨…." 질소 원자가 말했어.

"저는 지티노 데아조티스예요. 그리고 애들은…."

"미미 암모니아칼레, 코코 암모니아칼레입니다." 두 개의 수소 원자가 한목소리로 말했어.

"우린 당신을 초대하고 싶어요." 데아조티스가 말을 이었어. "우리와 함께 암모니아 분자를 만들어 봐요."

"아니, 하지만 나는 당신들을 모르는걸요"

"심플리초 씨…."

"말을 놓자. 그냥 피오라고 불러."

"아, 좋아. 나는 지티노야. 만나서 반가워. 피오야, 좀 들어 봐. 시간을 낭비할 필요가 없어. 너는 혼자이고 아주 가볍잖아. 너처럼 가볍고 속도도 빠르면 지구 하늘에서 빠져나갈 수도 있다는 거 잘 알지 않니?"

유쾌한 3인조

"응, 알아…. 그리고 나는 언젠가 블랙홀로 떨어질 수도 있어…."

'블랙홀'이라는 말을 듣자 미미와 코코는 울음을 터뜨렸어. 그러자 지티노는 둘을 꾸짖었어. "그만! 멈춰! 우리는 얼른 의견을 모아야 해!"

"피오야, 이야기를 계속할게. 만약 네가 우리와 함께하면 우리는 멋지고 무거운 암모니아 분자로 바뀔 거야. 그리고 여기서 지구가 식기를 침착하게 기다리고 무슨 일이 일어나는지 보러 다니며 즐거운 시간을 보내는 거지. 좋아 보이지 않아?"

"흠, 그래. 그런데 너희는 왜 그렇게 나에게 관심이 많아?"

"봐봐, 피오. 우리는 제대로 갖춘 분자가 아니야! 우리는 수소 하나가 모자라고, 자유로운 수소는 아주 적어! 나는 457년째 수소를 찾아다니고 있다고!"

"맙소사! 모든 블랙홀을 걸고 그게 정말이야?"

그때 미미와 코코는 다시 울기 시작했어.

"아니, 참…. 그만 울어! 그리고 피오, 너는 그 이름 좀 그만 말해. 무슨 뜻인지 알지?" 지티노는 말을 이어 나갔어. "그러니까 피오, 내 말은…. 우리가 정말로 잘 지내려면 다른 원자 하나가 필요하다는 거야. 나는 전자가 일곱 개 있어. 그중 네 개는 내가 꽉 붙들고 세 개는 다른 세 원자랑 각각 하나씩 같이 쓸 거야."

"그래, 알겠어. 모두에게 좋은 일이겠구나. 그럼 그렇게 하자!"

나는 그 셋과 합쳐지며 말로 표현할 수 없는 기쁨을 느꼈어. 우리는 매우 많은 에너지를 밖으로 쏟아냈고, 마치 마지막 퍼즐 조각을 제자리에 끼운 것 같은 느낌이 들었지. 아주 피곤할 때 침대에 눕는 것 같기도 했고, 뭔가를 이해해서 그전에 흐릿흐릿했던 게 뚜렷해지는 느낌 같기도 했어.

"있잖아." 나는 그 셋에게 곧장 말했어. "나는 우주에는 정해진 방식으로 되어야 하는 것들이 있다고 생각해. 그것들이 정해진 방식으로 돌아갈 때 비로소 그게 옳다고 모두 깨닫는 거지."

"에이 친구! 신경 좀 써. 무슨 말을 그렇게 어렵게 하니. 우리는 50억 년은 더, 아니 영원히 함께할 수도 있으니 서로 질리게 하지 말자. 그 모든 블….

"아, 그래. 그 모든 브… 음… 블….". 그리고 지티노는 노래를 부르기 시작했어.

유쾌한 3인조

브브블 브브블… ♪

마침내 네가 오는구나

하지만 네가 우리를 점점 질리게 하면

우린 널 끝없는 곳으로 보낼 거야

거기에 다른 친구도 하나 데려가고 ♪

다른 파동도 하나 내보낼게

♪♪ 그리고 아무도 널 다시 만나지 않겠지!

브브블 브브블…

그러고는 지티노가 좀 더 진지한 목소리로 말했어. "알겠어? 네가 우리를 그만 지겹게 하면 우리는 좀 더 재밌는 걸 해볼 수 있어. 전자 패스하기 같은 거 말이야."

"알겠어. 전자를 당기고… 패스!"

"좋아! 그러니까 보기 좋잖아! 그냥 즐기자고."

우리는 한 핵에서 다른 핵으로 전자를 던지는 등 전자로 여러 가지 놀이를 하면서 몇 년을 보냈어. 어쨌거나 우리는 제대로 갖춘 분자였지. 여러 번 부딪치는 바람에 계속해서 자리를 정돈해야 했지만 말이야.

이렇게 쌀쌀맞다니!

네가 원자라면
아무리 도와달라고 해도 소용없을 거야.

철학자 코시모 아리스토텔레스
아르곤 원자

　46억 407년 전의 지구는 지내기에 나쁘지 않았어. 우리가 좁은 공간에 꽤 여럿 모여 있기는 했지만 말이야. 1세제곱센티미터 안에 이산화탄소 분자, 메테인 분자, 수증기 분자, 심지어 더 큰 원자를 가진 분자가 수십억 개 있다고 생각해 봐. 다행히 모두 좋은 분자였지만, 그때 나는 행성의 공기 밖에서 지내는 게 더 익숙했어. 1세제곱센티미터 안에 기껏해야 몇천 개의 분자만 있는 곳 말이야! 그러니까 내가 때때로 방향을 잘못 짚었다고 해도 놀랄 일이 아니지. 게다가 부글부글 끓어오르던 지구 바깥쪽에는 눈에 띄

이렇게 쌀쌀맞다니!

는 땅이랄 게 별로 없었어. 그래도 괜찮아. 코코가 그 순간을 기억하고 있었거든.

우리가 암모니아 분자를 이룬 지 3년하고도 네 달이 지났을 때, 코코가 슬픈 목소리로 말했어. "사랑하는 친구들, 우리는 점점 더 지구에 가까워지고 있어." 불덩어리였던 어린 지구의 땅에 우리는 이미 너무 가까이 와 있었던 거야. 나는 운석들이 파놓은 큰 구덩이가 중력 때문에 빨려 들어가는 것도 느꼈지. 우리는 겁이 나기 시작했고, 그래서 얼마 지나지 않아 SOS 파동을 내보냈어. "지구 공기의 모든 원자와 분자에게. 우리는 떨어지고 있어요. 도와주세요, 도와주세요, 도와주세요!"

시간이 좀 지났어. 그런데 이런 1,000개의 블랙홀 같으니라고! 어떻게 아무도 대답하지 않을 수 있을까? 어떻게 가까이 있는 모든 분자가 응원의 말 한마디도 못 해줬을까? 정말 대답이 하나도 없었어. 몇 분이 지나자, 마침내 약한 파동 하나가 왔어. 그 파동이 우리 곁으로 점점 다가오자 우리는 우리 전자들의 움직임을 조심스럽게 관찰하며 편지의 암호를 풀어냈어. "지티노, 미미, 코코, 피오에게. 우리는 메테인 분자예요. 걱정 말아요. 우리가 분명 여러분이 원하는 도움을 줄 수 있을 거예요…."

"야호! 만세!" 미미와 코코가 소리쳤어. 다만 파동은 아직 끝난 게 아니었어. "지금 그대로 이어진다면 우리는 47과 10분의 3초 안에 여러분과 부딪칠 거예요. 그렇게 우리는 여러분의 길을 바꿔서 여러분의 문제를 해결할 거랍니다."

"야호!" 미미와 코코가 또 소리를 질렀어.

"하지만 잘 생각해 보면… 우리는 다른 분자와 원자를 서로 바꾸고, 가던 길을 버리고 떠나게 되는 거잖아."

"그게 무슨 말이야?" 모두가 함께 외쳤어.

"때가 되면 올게요. 1,000년, 100만 년, 1조 년 또는 3일 안에요…. 누구도 확신할 순 없지만요. 그럼 안녕히, 메테인 조직 드림."

"이렇게 쌀쌀맞을 수가! 나는 메테인이 누구든 도우려 한다고 줄곧 들어왔는데!"

우리는 다음과 같이 대답을 보냈어. "'모두에게 이롭도록 행동하기'라는 원칙을 마음에 깊이 새기길 바라요. 그러니까 여러분은 뭔가를 결정할 때 남을 돕고 싶은 마음이 먼저여야 해요. 그럼 안녕히. 지티노 데아조티스, 피오 심플리초, 미미 암모니아칼레, 코코 암모니아칼레 드림."

그러나 대답은 이랬어. "여러분, 원자는 결코 죽지 않기 때문에 자신보다 남을 먼저 생각하지 않아도 돼요. 원자들은 영원을 눈앞에 두고 있으니 몇백 년쯤은 아주 잘 기다릴 수 있죠. 부탁하건대 더 이상 귀찮게 하지 말아 주세요. 메테인 조직 드림."

 되물을 시간도 없이, 지구를 향해 떨어지던 거대한 원자 무리가 마치 미사일처럼 우리를 덮쳤어. 너희에게는 먼지에 지나지 않겠지만, 우리에게는…. 이런, 우리에게 그건 눈사태였어. 아주 작은 바위 조각이 얼음, 그러니까 수소 원자와 산소 원자가 화학 결합해 거의 움직이지 않고 고정된 것으로 둘러싸여 있었지. 미미는 어찌나 바보 같던지 알갱이의 가장 바깥쪽 분자에 얽혀 있었어. 끔찍하기가 이루 말할 수 없었지! 그렇게 우리는 모두 불타는 지구를 향해 꼼짝없이 떨어지고 있었어.

이렇게 쌀쌀맞다니!

지구로의 다이빙

냉동실에 있던 샴페인은 얼면서 가스가 빠졌어.
지구도 굳으면서 지티노, 피오, 미미, 코코를 내보냈지.

요리사 지노 메스톨로
구리 원자

불타는 지구를 향해 떨어지는 네 개의 원자는 어떤 기분이 들었을까?

"아름다운 삶이었어…." 미미가 말했어.

"그만 좀 해! 우리가 떨어지고 있는 건 네 잘못이야!" 지티노가 말했어.

그러다 먼지 알갱이에 들어 있던 산소 원자가 끼어들었지. "여러분! 그만 걱정하세요. 무슨 큰일이 있겠어요? 불꽃과 불이 보이지만, 그게 뭐겠어요! 그건 바로 열기! 에너지예요! 그 때문에 여러분이 조금 헷갈릴 수는 있지만요. 어쩌면 전자 몇 개를 잃거나 서로 떨어질지도 몰라요. 하지만 여러분은 원자이니 결국에는 원자로 돌아갈 거예요. 전자와 양성자는 서로를 찾잖아요! 사랑은 모든 걸 해결하죠!"

그러는 동안 우리는 끊임없이 지구에 점점 더 가까워졌어. 산소 원자의 말을 어떻게 믿을 수 있었겠어? 모두 길을 잃은 것처럼 보였는데…. 나의 친구들에게 마지막 인사를 할 때가 왔지. 열기는 견딜 수 없을 만큼 뜨거워졌고, 화학 결합은 풀리고 있었어. 그러고는 알갱이의 모든 원자가 합창하는 소리가 들렸어. "오오오오오!"

잠깐 뒤에 우리는 마그마 속으로 잠겨 들어갔어. 그 후에 무슨 일이 있었는지는 전혀 기억이 안 나. 어쩌면 몇 년이, 어쩌면 수십 년이, 어쩌면 몇백 년이 지났을 거야. 무슨 상관이겠어? 원자인 나에게 일어난 일들이 중요하지, 지나간 시간은 의미가 없어.

그리고 믿기 어려운 일이 있었어. 지구가 굳어지면서 이전에 빨아들였던 기체를 내보낸 거야. 지구 껍데기에는 상처가 생겼고, 거기서 어마무시한 양의 기체 덩어리가 빠져나오면서 공기를 두껍게 만들기 시작했어. 나도 그 속에 있었지.

지구로의 다이빙

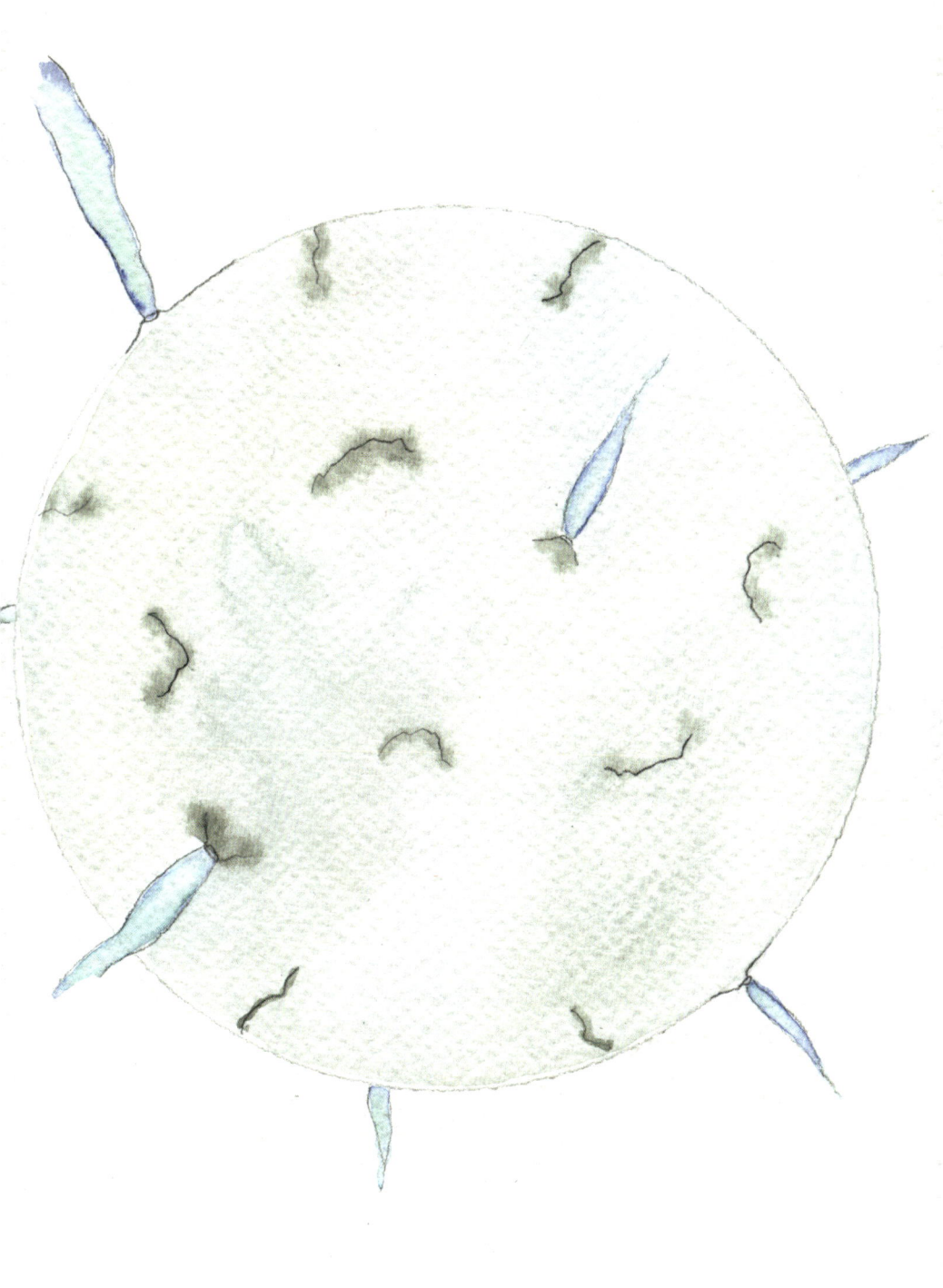

나는 지구 껍데기로 올라오자마자 정신을 차렸어. 마음이 약간 뒤숭숭했는데, 아마 열이 너무 뜨거워서 내 쿼크들이 흩뜨려졌던 모양이야. 기분은 조금씩 나아지기 시작했어.

대단히 놀랍게도, 내 옆에는 이미 알던 코코뿐 아니라, 산소 원자 하나가 더 있었어(모든 블랙홀을 걸고 말하건대 산소 원자가 얼마나 뚱뚱하던지!). 그게 다야. 어떻게 된 일인지 나는 수증기 분자에 들어가 있었어.

"코코!"

"피오! 널 다시 보게 돼서 얼마나 기쁜지 몰라!"

"나도 그래. 그런데 지티노랑 미미는 어디로 갔어?"

"걔들은 무사해. 걔들도 지구의 깊은 곳에서 빠져나왔거든. 내가 미미 없이 살아갈 수 있을지 모르겠지만, 미미가 그 지옥에서 빠져나왔다는 게 중요하지…. 앗, 너에게 구스타보 오테토 씨를 소개할게."

"만나서 정말 반가워요. 피오 심플리초 씨."

"제가 반갑죠. 구스타보 오테토 씨."

흠, 그는 착한 원자처럼 보였어. 무슨 말인지 알지? 그와 함께 수십억 년을 보낼 수도 있으니까 성가신지 아닌지가 중요했던 거야. 사실 나는 그에 대해 아무것도 몰랐어.

 기체 분자에 들어간 느낌을 나는 이미 겪어 본 적이 있었어. 내가 지티노, 미미, 코코와 함께 암모니아 분자에 들어 있을 때 말이지. 너희에게 이야기한 것처럼 나는 단지 운이 조금 나빴을 뿐이야. 하지만 이제는 주변이 편안해졌지. 지구는 식었고 이제 멋지고 두꺼운 땅으로 덮여 있었어. 그리고 나는 공기에서 더 이상 벗어나지 않을 만큼 무거운 분자에 들어가 있었지. 다시 말해, 그제야 내가 지구에 있다는 게 실감났어.

 나는 기체 분자 속에서의 삶을 제대로 즐긴 편이야.

 너희에게 한 가지 고백할 게 있어. 나는 기체 원자로 사는 게 가장 좋아. 자유롭다고 느끼거든. 나는 '이동해.' 그러니까 부딪치고, 돌고, 다시 부딪치고, 다시 돌고, 또다시 돌고, 멈추고, 다시 출발하고, 공중제비를 돌고, 속도를 높이고, 속도를 늦추지. 사랑하는 친구들아, 이게 바로 삶이야!

 뚱뚱한 구스타보도 신난 것 같았어. 시간이 지나면서 나는 구스타보가 언제나 명랑한 성격이라는 걸 알게 되었지. 구스타보가 부르던 노래도 기억나.

여기 부딪치고, 저기 부딪치고 ♪

우리 기체들은 그래

춤파춤 춤파춤

목적지 없이 옮겨 다니고 빙빙 돌지

빈 곳이 있으면 더 좋아

춤파춤 춤파춤

너희가 조금만 생각해 본다면

나에게 뭘 물어보겠지.

춤파춤 춤파춤

♪♪ 피오와 코코는 귀여운데,

이 원자들을 어디서 만난 거냐고

춤파춤 춤파춤

난 그들을 지구에서 만났어

하지만 그곳은 전쟁통 같았지 ♩

춤파춤 춤파춤

    나는 구스타보와 많이 친해지고 나서 늘 웃고 친절한 그에게 평온하고 즐거운 이유를 물어봤어. 구스타보는 대답했지. "있잖아,

지구로의 다이빙

피오. 나는 전자 두 개가 필요했었어."

"그런데 넌 이미 여덟 개가 있잖아!"

"그렇지. 하지만 나는 두 개를 핵에 아주 가깝게 두고 여섯 개는 그 주위에 있어. 그래서 두 자리가 비게 되지."

"뭘 위해서 그러는 거야?"

"아니 친구! 뭘 위한 거냐니? 당연하지 않아? 잘 지내기 위해서, 제대로 갖추었다고 느끼기 위해서! 그래, 제대로 갖춘 걸 느끼려고 그러는 거야!"

"그러니까 우리랑 함께하게 되어서 기분이 더 좋다는 거지?"

"맞아, 너희의 전자 두 개를 이용할 수 있기 때문이야. 마치 내 바깥쪽에 전자 여덟 개가 있는 것 같지."

"난 누가 나에게 전자 하나만 빌려줘도 좋은데…."

"그럼 내 전자 하나를 써."

어쩌면 더 이상 알아보지 않아도 되었겠지만, 나는 구스타보와 이야기하면서 원자들이 서로 함께하려는 건 편하게 지내기 위해서라고 믿게 되었어. 그전까지 사랑이라고 생각했지만 말이야. 지금은 많은 원자가 단지 편하게 지내려고 합쳐진다는 사실을 알고 있어. 내가 이따금 받던 편지들에 순수하고 솔직한 마음이 조금이나마 담겨 있었을까? 나와 같은 원자들은 왜 그리 쌀쌀맞았을까? 바로 그 시기에 나는 나 자신에게 그런 걸 물어보기 시작했어. 다시 말해 나는 우주를 이해하기 시작했던 거야.

지구로의 다이빙

지구 축제

아무도 모를 거야. 지구가 굳었을 때
원자들이 축제를 열었다는 걸.

피오 심플리초
수소 원자

내가 머물게 된 작은 장소인 태양계에서는 모든 게 아주 잘 되어 가는 것처럼 보였어. 지구를 괴롭히던 많은 운석과 다른 부스러기들이 더는 쏟아지지 않았고, 수억 년 후에 처음으로 잔잔한 땅이 나타났지. 지구 안쪽에서 기체와 액체는 너희가 쓰는 냄비 속의 끓는 물처럼 힘차게 움직였어. 우리는 달이 생겨나는 것도 보았지. 거대한 물질 덩어리가 지구에서 떨어져 나와 지구의 끌어당기는 힘에 붙들린 거였어. 그리고 약 3억 년 이후에 지구는 식었고 땅의 어떤 움직임도 지구 바깥쪽을 방해하지 않았지. 오직 화성과 수성만 태어나면서 얻은 열에너지를 아직 다 쓰지 못했지. 하지만 그건 1억 년도 채 되지 않아 해결될 문제였어.

우리 모두는 더욱 고요해졌어. 지구의 마지막 마그마 조각이 굳었을 때, 공기에 있던 원자들은 성대한 축제를 열기로 했지.

뿌려진 초대장에는 다음과 같이 적혀 있었어.

모든 종류의 원자에게.
여러분에게 딱 맞는 원자를 찾고 있나요?
8인조를 완성하고 싶나요? 혹시 왕고집인 고상한 기체인가요?
오늘이 여러분의 행운의 날입니다. 축제에 와서 지구 탄생을 함께 축하해 주세요.
춤, 노래, 모든 크기와 주파수의 방사선이 준비되어 있습니다. 여러분이 꿈꾸던 행성에서 살아가게 된 걸 기념합시다!

★ 특별 공연 ★
  – 자코모 페리오시아치도의 노래 <지구는 얼마나 아름다운가>

지구 축제

- OH 그룹의 <고요한 공기> 연주
- 전설적인 카바이드 무용단의 아세틸렌 춤

정말 멋진 축제였어. 예상치 못하게 끝나기는 했지만 말이야. 처음부터 나는 수증기 분자들이 참석하면 분명 특이할 거라고 생각했어. 축제 내내 그들은 계속해서 오더니 결국 수십억 개에 달했지. 나와 구스타보, 코코는 처음에 도착한 분자들 가운데 하나였어. 우리는 전자들을 바른 자리로 세워 두었고 축제에 맞게 행동하려고 했지.

여느 때와 같이 헬륨 원자와 네온 원자들은 따로 떨어져 있었어. 누군가가 나에게 그들 중 많은 원자가 너무 가볍고 빨라서 공기에서 빠져나가 어딘지 모를 곳으로 갔다고 설명해 주었지. 여기에 좋은 교훈이 하나 있어. 누군가와 함께 무거운 분자를 이루었다면 빠져나가지 않았을 거라는 점이야. 그런데….

축제 중간에 나는 네온 원자에게 다가가 보고 싶었어. 아, 실례했다…. 그가 나의 자서전을 읽는다면 기분이 상할지도 모르겠네. 그의 정확한 이름은 바로 '안드로메다 왕자, 오리온자리 총독, 마젤란 백작이자 슈퍼 블랙홀 궁수자리A* 자작인 자코모 캄포노

지구 축제

보'야.

자코모가 말하기까지 꽤 많은 시간이 걸렸어. 그는 입을 꾹 다물고 인사에 대답조차 안 했지. 그러고는 아주 큰 파동을 내보냈어. "나를 그냥 내버려 둬! 내 8인조가 제대로인 거 안 보이니!"

"참, 예민하기는!" 나는 그렇게 말한 다음 그를 내버려 뒀어.

얼마 지나지 않아 이상한 일이 하나 일어났어. 태양에서 나온 어떤 파동이 나와 그리 멀지 않은 곳에 있는 수증기 분자와 정면으로 부딪친 거야. 조금 뒤 산소 원자가 소리쳤어. "여러분, 나는 이제 떠나겠어!"

"무슨 말이야?" 두 개의 수소 가운데 하나가 물었어.

"태양에서 오는 이 모든 에너지와 함께 한 바퀴 돌고 싶어졌거든. 그리고 나는 너희랑은 이제 좀 질려!" 그리고 그는 나머지를 홀로 두고 떠났어.

시간이 좀 지나고 나서 나는 그 산소 원자가 메테인 분자 하나와 다른 산소 및 수소 원자들과 재잘거리는 걸 보았어. 아주 활기찬 토론이 있었지. 어려운 단어들도 나오고 말이야. 그런데 결국은 다시 조용해졌어. 그들이 에너지를 밖으로 내뱉던 모습에서 예상했지. 듣자 하니 두 개의 무리를 이루자고 의견을 모았나 봐. 물 분자 하나와 산소 원자 두 개, 탄소 원자 한 개로 된 이산화탄소 분자 하나를 만든다고 했어.

홀로 남겨진 불쌍한 수소 원자들은 아주 가벼웠고 알 수 없는 어딘가로 로켓처럼 날아갔어. 아무도 그들을 다시 보지 못했고, 누군가는 그들이 지구 하늘을 떠났다고 말했지.

그 축제에서 나는 이상한 걸 아주 많이 봤어. 축제에 있던 이들은 태양과 지구에서 온 파동의 리듬에 맞춰 바짝 달라붙어 춤을 췄어. 그러다 어느 순간에 한 괴짜(전자 아홉 개를 가진 불소 원자가 거기서 혼자 무슨 일이었을까?)가 나타나서 소리 지르기 시작했어. "오직 하나! 나는 수소 원자 단 하나를 원해애애애애!"

너희는 어떻게 생각할지 모르지만, 나는 절대 그런 괴짜를 따라가고 싶지 않았어. 어쩌면 그도 썩 괜찮은 원자였을 수 있지만, 나는 구스타보와 코코랑 함께 있는 게 좋았으니까. 나는 그가 결국 동위원소인 중수소라는 자와 약혼했다고 들었어. 수소 원자인데 핵 안에 양성자뿐만 아니라 중성자도 갖고 있더래.

그건 그렇고, 모두가 요리사라고 부르는 지노 메스톨로는 자신이 NGC 1232라는 거대한 나선 은하에서 왔다고 말했어. 지노는 자기 주위에 모인 원자들에게 수수께끼 내는 걸 즐겼어. 답을 맞히는 이에게 자신의 전자를 상으로 주겠다고 말했지. "모두 힘내! 생각해 봐! 머리를 굴리라고! 상으로 줄 내 전자가 어떻게 도는지 좀 봐봐."

메스톨로는 너희의 팽이같이 빙빙 돌던 가장 바깥쪽 29번째 전자를 보여 줬어. 수수께끼는 이거였어. "설탕 1킬로그램을 만들려면 탄소 원자, 산소 원자, 수소 원자가 몇 개씩 있어야 할까?"

내가 알기로는 아무도 그 답을 맞히지 못했고, 그래서 지노는 자신의 전자를 잃지 않았어.

비가 내리다

다행히 어떤 귀도
그 끔찍한 천둥소리를 듣지 못했어.

디노 몰레콜로
수소 원자

마침내 주위가 견딜 수 없을 만큼 달라졌어. 축제에 수증기 분자가 너무 많이 와서 지구 전체가 어둡고 빽빽한 구름으로 뒤덮인 거야. 그리고 아름다운 노래 〈고요한 공기〉가 흘러나오자마자 (엉뚱하게도!) 요란한 천둥소리가 들렸어. 그 소리가 퍼지자 우리는 서로를 심하게 짓눌렀고, 우리의 거리는 곧장 다시 벌어졌어. 잠시 후 우리는 금세 익숙해졌어. 번개가 우리에게 경고하면, 우리는 조용히 기다렸다가 음파를 통과했지. 이제는 태양에서 오는 파동이 거의 없었고, 기온이 너무 떨어져서 우리는 거의 움직일 수 없었어. 춤과 화기애애한 분위기가 끝난 거지.

"걔들 모두 떠나는 거야?" 어느 순간에 코코가 말했어.

나는 아주 큰 수증기 분자 무리가 축제 자리를 떠나고서 지구 쪽으로 떨어지는 걸 보았어. 날씨가 추워서 우리는 거의 움직이지 못했지. 얼마 지나지 않아 나는 우리와 다른 분자들 사이의 거리가 아주 많이 줄어들었다는 걸 깨달았어. 그때 내 전자와 코코의 전자는 구스타보 쪽에서 깡충거리며 시간을 보내고 있었지. 구스타보는 자신이 그토록 바라던 두 개의 전자를 갖게 되어 기뻐했어. 결국 내 양성자는 내 곁에 있던 수증기 분자 속 산소 원자의 전자들 쪽으로 끌림을 느꼈어. 그래서 나는 구스타보와의 결합을 놓지 않으면서, 오노프리오와도 합치게 되었지. 그래, 이 뚱뚱한 원자의 이름은 분명 오노프리오일 거야. 오노프리오 판투로.

코코에게도 똑같은 일이 일어났어. 코코 근처에 있던 분자 속 산소 원자와 함께하게 된 거야. 이렇게 해서 거대한 무리가 만들어졌다고 말해도 별로 놀랍지 않겠지? 많은 수증기 분자가 내가 말한 것처럼 서로 합쳐졌어. 우리가 실제로 뭐가 된 줄 알아? 눈송이! 그리고 우리는 어느 순간 지구를 향해 떨어지기 시작했어.

우리는 될 대로 되라지 하는 마음으로 점점 더 아래로 떨어졌어. 하지만 이번에는 불타는 곳이 아니라 드넓게 펼쳐진 물이 우리를 기다리고 있었지. 새로운 모험이 시작된 거야. 떨어지는 동안 기온이 높아져서 우리는 점점 더 마음 편히 움직일 수 있게 되었어. 나는 흔들리기 시작했어. 이리저리 흔들려서 결국 나는 오노프리오와 헤어지게 되었지. 지구의 땅에 거의 도착했을 때 우리는 더 이상 눈송이가 아니라 물방울이었어. 그리고 분자 하나가 "잘 있어어어!"라고 소리치며 우리 모두에게서 떨어져 나갔지. 얼마 안 돼 오노프리오가 외쳤어. "준비르으으을 해애애애!" 그리고 모두가 합창했어. "오오오오오오오오…." 그 상황에 반주라도 하듯 말이야. 그러고는 "퐁당!"

나는 산소·수소·소듐·염소·탄소·망가니즈·황·칼슘·포타슘·브로민 등의 원자들 사이에 꼈어. 그러고서 태어난 지 얼마 안 된 지구의 어두운 바닷속으로 가라앉았지.

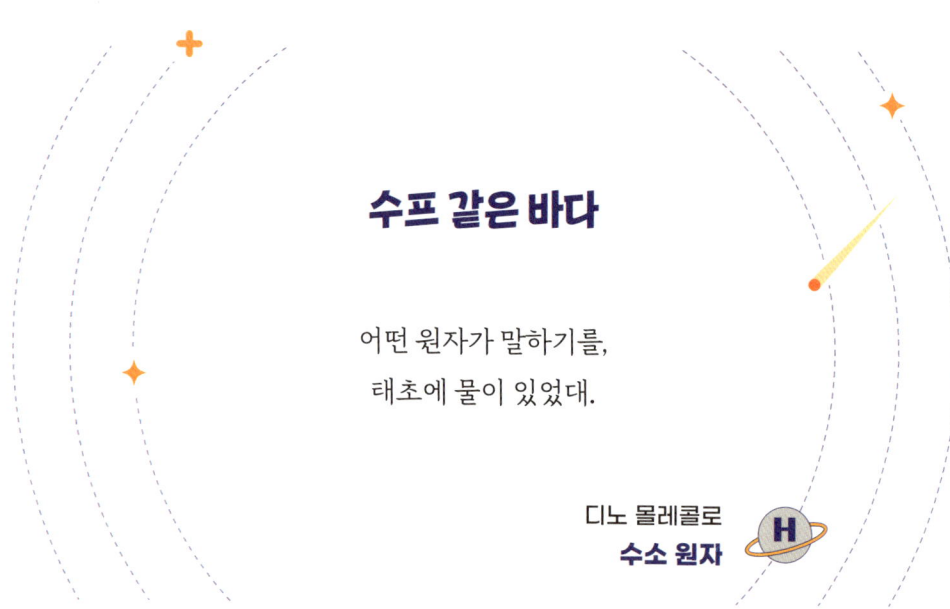

수프 같은 바다

어떤 원자가 말하기를,
태초에 물이 있었대.

디노 몰레콜로
수소 원자

　비가 계속해서 내렸어. 지구를 감싸고 있던 불투명한 기체 덩어리에 번개는 잠시 우중충한 색을 띠었지. 그러다 거센 바람 때문에 바다 위로 어두운 파도가 아주 높게 일었어.
　바닷속에서 나는 내가 기체였을 때처럼 자유롭지 못했던 것 같아. 다른 분자들 사이에서 헤어나와 충분히 움직일 수는 있었지만 말이야. 어쨌든 거기서도 나름 재미가 있었어. 예를 들면 나와 내 친구들은 거대한 파도에 이끌리며 하늘로 아주 높게 치솟았다가 아래로, 점점 더 아래로 가라앉곤 했어. 우리는 가는 길에 만난 공기 분자도 끌고 갔지. 나는 몇몇 산소 원자에 끌림을 느끼기도 했는데, 그 결합은 오래가지 않았어. 그 후 나는 다른 분자들 사이에서 계속 미끄러졌어. 내 움직임을 가로막은 건 우연이었어. 자연의 힘이라고 말하는 게 나을 수도 있겠다. 파도, 바람, 공기, 소용돌이, 번개 등등 말이야.

모든 것이 누그러지기까지, 그러니까 바다가 살기 나쁘지 않은 곳이 되기까지 수백만 년이 걸렸어. 결국 나는 그곳에 사는 것이 자랑스러워졌지. 우리 물 분자들은 하늘에서 우리를 방문하러 온 모든 분자를 매우 환영했어. 하늘이 아니라 우주라고 말해야겠네. 운석들도 왔으니까 말이야. 모든 원자는 서로를 알고 있었고, 함께 무리를 이루며 우정을 맺었지.

너희는 어쩌면 번개와 천둥을 무서워할지도 모르겠다. 맞아, 그 당시에 그것들이 무섭긴 했어. 하지만 우리가 서로를 알아가는 데에 도움이 되었지. 번개와 천둥이 몇몇 무리를 흐트려 놓았다가 다른 무리를 만들어 내곤 했기 때문이야. 바다는 마치 수프 같았어. 물 말고도 다른 분자들을 많이 갖고 있었지.

아주 나빴던 시간이 지나자 이불 같던 수증기 구름이 점차 엷어지고 햇빛이 바닷속을 뚫고 들어오기 시작했어. 모든 에너지가

우리를 술렁이게 만들었지. 하지만 아름답고 괜찮은 술렁거림이었어. 지구가 만들어지고 있었던 거야!

어느 날, 나는 우연히 바다 위쪽으로 올라왔다가 바닷속으로 막 떨어지려는 이산화탄소 분자와 이야기를 나눴어.

"어이, 거기서 뭐해?" 내가 물었어.

"우린 바람에 밀려 지구 주위를 세 바퀴나 돌았어!" 탄소가 나에게 대답했어.

"아! 이야기 좀 해봐. 최근 수백만 년 동안 많은 게 바뀌었니?"

"오! 응, 아주 많이 바뀌었지. 이제 지구는 바다 색깔 때문에 정말 어두워 보이잖아. 바닷물은 가장 높이 채워졌고 말이야."

그는 말을 끝낼 새도 없이 바다에서 튀어 올라 어딘지 모를 곳으로 사라졌어.

그건 그렇고 내 말 좀 들어 봐! 약 412년 후에 나는 우연히 바다 위쪽으로 다시 올라오게 되었어. 구스타보는 당연히 위를 보고 싶어 했는데, 자리 때문에 힘들어지자 이렇게 말했어. "전자를 옮겨봐, 나 좀 지나가자…." 그런데 나는 내 움직임은 물론이고 다른 것들을 결코 스스로 결정할 수 없거든. 글쎄, 그러니까 말이야. 그러던 중에 내가 뭘 봤는지 알아? 산소 원자 두 개만 달랑 있는 무리가 있는 거야. 그때 나는 처음으로 산소 분자를 봤어. 내가 구스타보에게 그걸 알려 주니까 구스타보는 이렇게 말했어. "지구에 무슨 일이 일어나고 있는지 당최 어떻게 알겠어? 우리는 아무것도 모르지!"

그래…. 지금 생각해 보니 구스타보의 말이 맞았어. 믿기 어려운 일이 일어나고 있었거든.

생명체다, 생명체!

우주 역사에서
수프만큼 중요한 것은 없었어.

요리사 지노 메스톨로
구리 원자

 나는 살아가는 동안 이상한 원자 무리들을 보았어. 예를 들면 수소 원자 여섯 개, 탄소 원자 두 개, 산소 원자 한 개가 함께 에틸알코올을 이루고 있는 것 또는 수소 원자 두 개, 산소 원자 두 개, 탄소 원자 한 개가 포름산을 이루고 있는 것 등등⋯. 탄소 원자들은 제대로 일하는 방법을 이미 잘 알고 있었던 거야! 우리는 이렇게 특별한 재능을 하나씩 가지고 태어난다니까. 탄소 원자들은 다른 이들을 자기편으로 만들고 아주 끈끈하게 지내는 능력이 있었어. 언젠가 나에게 어떤 산소 원자가 털어놓았어. 자신이 사귄 원자 34만 7,547개 중 진정하고 위대한 사랑은 탄소 원자뿐이었다고 말이야. 그들의 결혼 생활은 장장 540년이었대.

　친구들아. 하지만 그 뒤를 이어 30억 년 동안 또 다른 이야기가 펼쳐졌어. 나는 탄소 원자가 매우 큰 무리들을 만드는 걸 보았지. 볼 때마다 놀랐어. 심지어 나는 작은 공 모양의 거대한 무리도 만났지.

　다시 말할게. 그 순간까지, 그러니까 100억 년 넘게 나는 한 번도 그걸 만난 적이 없었어. 이 단어를 거의 무시하듯이 쓰게 되어 미안하지만, 나는 생명체를 말하려는 거야. 적어도 내가 있던 곳에서는 만나지 못했거든. 그러니까 식물, 동물, 이런 것들 말이야. 그걸 누가 봤겠어? 어디로 갈지 결정하고, 그곳에 가기 위해 움직일 수 있는 원자 무리가 있다는 건 나는 상상할 수 없었지. 우리 원자들은 어디로 갈지 스스로 결정하지 못하니까. 어쨌든 우주에 생물이라는 게 등장했다는 사실이 나는 여전히 이상해 보였어. 생각하고, 행동하고, 소리를 내고, 움직이고, 먹고, 필요한 것을 만들어 내는 원자 무리라니….

　자, 내가 말하려고 한 건 이거야. 약 6억 년 전 바닷속에서 내가 겪은 일을 이야기해 주기 전에 말이야.

생명체다, 생명체!

나와 구스타보, 코코는 바다의 중간쯤에 있었어. 우리는 가까이 있던 원자들에게서 바다 밑바닥에 탄소 원자(또 그 친구야!), 질소 원자, 수소 원자, 산소 원자가 한 몸처럼 기어 다닌다는 말을 흘려들었지. 나는 그걸 보고 싶었어. 그걸 동물이라고 부를 수 있을까? 그게 무엇이든 나는 보고 싶었지. 그걸 만난 원자들은 그걸 '몸이 여러 부분으로 나뉜 납작한 존재'라고 말했어(너희는 그걸 아주 작은 깔개라고 착각할걸!).

"모든 블랙홀을 걸고! 나는 알고 있었어! 탄소 원자들은 무엇이든 할 수 있다고!" 코코가 말했어.

바닷속 괴물

실제로 탄소 원자들은
제대로 일할 줄 알아.

코코 암모니아칼레
수소 원자

 직접 보지 않는 한 언제나 의심이 남아 있기 마련이지. 나는 거의 2억 년 동안 의심을 품고 있었어. 그러니까 나는 바다 밑바닥을 기어 다닌다는 그 이상한 걸 직접 본 적이 없었던 거야. 그것이 정말로 그곳에 살고 있었을까?

 약 4억 년 전에 어떤 일을 겪으면서 나는 그게 꽤 있을 법한 일이라고 굳게 믿게 되었어. 그때 나는 잠시 정신을 잃었다가 믿기 힘든 모습을 보았지. 나와 내 친구들은 다른 분자들 사이에서 별 탈 없이 미끄러져 가고 있었는데, 갑자기 주위가 모두 고요해졌어.

몇 초 후에 구스타보는 띄엄띄엄 파동을 내보냈어. "코-코-코코…. 코코코코…. 피-피-피오…. 봐-봐봐!"

거기 뭐가 있었냐고? 내 시점에서 보았을 때, 길이가 10미터는 될 법한 원자 더미가 우리 쪽을 향해 움직이고 있었어. 별로 놀랍지 않다고? 좋아, 그럼 내 입장이 되어 봐. 바다에서 편안하게 쉬고 있었는데 난생처음 비늘, 가시, 뾰족한 지느러미로 뒤덮인 거대한 물고기를 보게 된 거야. 거기다 그 물고기는 머리에 뼈로 된 투구를 쓰고 있었고, 몸 앞쪽에는 두 개의 거대한 턱과 길고 뾰족한 이빨을 갖고 있었지. 오, 지극히 거룩하신 데모크리토스여! 그건 금방이라도 우리를 물어 버릴 것 같았어!

나와 내 친구들은 어찌할 줄 몰랐어. 그게 입을 열었다 닫았다 하고 있었기 때문이야! 그게 우리를 집어삼키면 꽤나 볼 만하겠다는 생각이 들었지…. 나는 바다도, 비도, 공기도 되어 봤지만, 그런 이상한 것 안에 들어간다고 생각하니 겁이 조금 났어. 일단 그 입속에 들어가면 나에게 무슨 일이 일어나겠니? 지금껏 정든 내 친구들과 떨어지게 될 거라고.

구스타보가 용감하게 소리쳤어. "어이! 우리에게 원하는 게 뭐야?"

"하 하 하." 괴물의 머릿속에 있는 탄소 원자 중 하나가 시끄럽게 웃었어. 곧바로 그걸 따라 하기라도 하듯 다른 원자들도 함께 웃는 소리가 들렸지.

"하! 하! 하! 히! 후!" 짧게 말하자면, 그건 내가 살면서 들어본 가장 시끌벅적한 웃음이었어. 5초가 지나자 그 탄소 원자는 매우 센 파동을 내보냈고, 갑자기 모두 웃는 걸 뚝 멈췄어. "조용!"

그가 우두머리인 게 분명했어. 웃음을 멈추자 그는 이렇게 말하기 시작했어. "나는 개척자 중의 개척자. 최초이자, 유일하고, 언제나 앞서가며, 항상 앞으로 뻗어 나간다. 내가 나의 노력으로 이 물고기를 만들어 냈어. 그러니까 이 물고기는 나에게서 비롯된 거야. 우리가 지나가게 길을 비켜. 우리가 돌아다니는 끔찍한 이곳, 바다를 이루는 뒤떨어지는 존재들아."

그러는 동안 그 물고기는 입을 열었다 닫았다 하고 있었어.

"미안한데, 너 언젠가 지구 축제에 있지 않았어?" 구스타보가 무서운 줄 모르고 그에게 질문했어.

"뚱뚱하고 불쌍한 존재야. 어찌 감히 나에게 성대한 지구 축제에 갔었냐고 묻는 거지? 거기서 나는 산소 두 개를 낚았어. 그래, 사실 나는 그 축제에 있었지. 그런데 그게 무슨 상관이야? 뚱뚱한 원자인 네가 바다의 위대한 원자이자 말도 잘하고 붙임성도 좋은 나에게 감히 그런 걸 묻다니. 나는 산소 원자, 질소 원자, 수소 원자, 그 외의 많은 걸 아우르고 있어. 내 결합들을 좀 봐, 보라고. 그런데 너는 아직까지 거기서 조잡한 두 원자 쪼가리와 하찮은 결합이나 하고 있다니, 참으로 초라하구나."

조잡한 원자 쪼가리? 이 탄소 원자들은 생명체를 만들어 낸 이후로 기고만장해진 게 분명했어.

"글쎄, 얘들은 네가 가진 것들이랑 똑같은 수소야!" 구스타보가 대답했어.

"발칙한 것, 닥쳐. 이 크립톤 조각밖에 안 되는 것아! 너 내가 누군지 알아? 위대하고 유일한…. 이봐!"

곧바로 그는 주변의 전자를 빠르게 다시 세우면서 "인 원자지노!"라고 외쳤어.

"네, 대장님!"

"이 뚱뚱한 자에게 내가 누군지 말해 줘."

"글쎄요, 최초 세포에 들어 있던 원자이십니다…."

"아니! 이 멍청아! 내가 뭐라고 불리냐고!"

"아… 네, 뛰어난 지도자 아밀카레 첼라칸토 데카보니스이십

니다. 데본기라고도 알려져 있으시죠."

"알겠어?"

"음, 알기는 하겠는데… 그게 누군데?"

"이게 감히! 나의 용감한 자들아, 앞으로!"

그리고 실제로 그 물고기는 입을 벌린 채로 우리 쪽을 향해 겁주듯 몸을 움직였어. 그 못되고 작은 물고기는 전진하고, 전진하고, 전진했지. 물론 우리는 SOS 파동을 내보냈고 바로 응답을 받았어. "여러분은 영원을 눈앞에 두고 있으니 우리는 여러분을 다른 때에 도울 것입니다."

얼씨구…. 물고기는 입을 크게 벌리고 우리 앞에 있었어. 파아아아앗! 다음 순간 우리는 그 안에 있었지…. 어찌나 역겨운지, 나는 보지 않으려고 애썼어. 다행히 우리가 들어간 때에 그 물고기가 소용돌이에 휩쓸려 이리저리 빙빙 돌았어. 정말 놀랍게도 어느 순간 우리는 그 괴물 밖에 나와 있었지. 우리는 눈으로 데본기를 좇았고 그의 용감한 자들이 수평선에서 사라지는 걸 보았어.

"아! 정말 잘 됐다!" 코코가 걱정을 내려놓으며 말했어.

바람을 따라 하늘로 증발하며

탄소 원자들은
이제 모든 걸 바꿀 수 있지.

구스타보 오테토
산소 원자

    3억 7,700만 577년 전 평범한 아침이었어. 바닷물은 흘러가며 우리를 위쪽으로 뻗어 있던 바다의 어린 산등성이까지 데려다주었어. 꽤 얕은 물속이었지. 햇빛은 우리 위쪽에 있는 바닷물을 꿰뚫고 우리의 전자들을 뒤흔들었어. 더 아래에는 짙은 녹색의 해조류가 이리저리 파도를 일으키고 있었지. 우리는 3시간가량 거의 움직이지 않고 있었어. 그 후 좀 더 따뜻하고 부드러운 물줄기가 우리를 천천히 바다 위쪽으로 데려갔어.

    오랜만에 나는 다시 하늘을 보았어. 오후 내내 물끄러미 바라보고 있었는데, 그러다 날씨가 바뀌었어. 가벼운 바람이 바다에 물결을 일으켰고 큰 구름들이 하늘을 어둡게 했어. 바람이 더욱 거세지는 바람에 우리는 이산화탄소 분자와 아주 세게 부딪치고 바다 위쪽에 떠올랐어. 그렇게 바람에 밀려 우리는 바다를 떠나게 되었지. 그날 밤 내내 우리는 넓고 넓은 바다 위를 날았고 달빛이 반사된 은빛 줄무늬는 결코 우리를 떠나지 않았어.

하늘이 분홍빛으로 물들 때 바람이 느려졌고 우리는 너무 높이 올라갈 뻔했어. 하지만 다시 바람이 일면서 우리를 더욱 멀리 데려다주었지. 그때 태양이 불타는 원반처럼 지평선 위로 고개를 내밀었고 우리는 밑에 있는 낙원을 발견했어. 바로 찬란하게 빛나고 있던 육지였어. 그렇게 달라졌을 수가! 나는 물가를 녹색 망토처럼 덮고 있던 양치식물, 산을 뒤덮고 있던 키 큰 나무들, 날개가 없는 최초의 곤충들을 보았어. 그리고 어디에서든 탄소 원자들과 매우 많은 산소 분자가 하늘로 올라가는 걸 보았지.

공기는 우리를 점점 더 높이 위로 데려갔고 나와 친구들은 그 모습을 말없이 즐겁게 지켜보았어. 지구를 거의 뒤덮고 있던 드넓은 바다와 바다 위에 뜬, 당시에는 오직 한 덩어리로 붙어 있던 대륙을 말이야.

화가 났던 이유

나는 이 뒤죽박죽에
진절머리가 나….

로몰로(성은 모름)
황 원자

내가 오직 지구만 바라보면서 살았던 건 아니야. 나는 원자들과 이야기하고, 함께 지내고, 이것저것 묻기도 했어. 그리고 이상한 원자들도 정말 많이 만났지.

예를 들면, 그중 하나는 짜증이 많은 원자였어.

그러니까 내가 생각에 빠져 공기 속을 떠돌아다니고 있을 때였어. 나는 탄소가 붙임성이 좋은 덕분에 원자들이 작은 무리를 이루고, 이것이 발전해서 식물과 동물이 되었다는 사실에 푹 빠져 있었지. 하지만 자세한 설명은 생략할게. 내가 호기심 많은 원자라는 건 너희도 이미 알 테니 말이야. 짧게 줄이자면, 나는 그곳에서 생각에 잠겨 있다가 코코에게 이렇게 말했어. "코코, 미안해. 그런데 나 최근 수백만 년 동안 무슨 일이 있었는지 궁금해졌어. 우리가 그곳 가운데에 있을 때…." "쉿!" 코코가 말했어. 그러고는 나에게 또 다른 약한 파동을 보냈지. "조용… 좀 들어 봐…."

나는 돌아서서 멀리 있는 황 원자를 보았어. 그는 두 개의 수소 원자와 합쳐진 상태였지. 우리와 그들 사이에는 원자가 많지 않았고 게다가 주변에 파동도 거의 없었어.

"저 나쁜 놈들! 모두 제정신이 아니야." 황이 말했어.

"무슨 일이야 친구?" 내가 말했어.

"음, 아무것도 제대로 되지 않아서 문제야! 정말 뒤죽박죽이잖아. 나는 '이 우주'에 질렸어. 가, 달려, 나가, 돌아, 부딪쳐, 여기로 왔다가 저기로 가. 이런 것 좀 그만하라고오오!".

"흠, 뒤죽박죽이라…. 과장하지 말고 생각해 보자. 우리에겐 규칙도 좀 있잖아." 내가 말했어.

"무슨 말이야?"

"우연 말고 정확한 법칙에 따라 일어나는 일들도 있잖아. 예를 들어 우리 물 분자들이 물방울을 만들고 충분히 무거워졌을 때 지구로 돌아가야 하는 것 등이 있지."

"그게 나랑 무슨 상관이야! 전부 엉망진창에…."

"그러니까 너는 줄곧 부딪히러 다니잖아!" 그와 함께 있던 다른 두 원자가 입을 모아 말을 더했어.

"이랴 움직이자, 이랴 산으로, 이랴 바람으로, 이랴 끝없는 평원을 따라, 이랴 키 큰 풀밭 사이로, 이랴 나무 둥치를 긁으며, 이랴 이랴 이랴 이랴. 에잇! 그나저나 도대체 누가 이런 법칙들을 만든 거야?" 황이 말을 이었어.

"글쎄, 나도 모르지…. 하지만 원래 그래. 늘 그래 온 거지. 어떤 건 항상 정해진 방식으로 이루어지잖아. 나는 너무 익숙해져서 어떤 원자가 어느 방향에서 얼마큼의 속도로 부딪치며 오는 걸 볼 때마다 이제 그들이 어디로 갈지 알겠더라."

"넌 가서 전자나 찾아! 그게 나랑 무슨 상관이야? 아이고오오오…. 여기는 모든 게 뒤죽박죽이야. 내일은 내가 어디 있을까? 그리고 너는 어디 있을까? 우리는 몰라…."

"흠, 만약 네가 누구와 부딪칠지를 내가 안다면…."

"맙소사, 친구야…. 너는 네가 문제를 해결할 수 있다고 생각하는구나. 너 제정신이니? 우리가 모두 내일 어디에 있을지, 그리고 100만 년 안에 우주가 어떻게 될지 누가 알겠어? 일어날 수 있는 일은 여러 가지야. 그게 어떨지는 오직 우연에 달려 있다고."

"아니, 모든 건 틀림없이 이미 정해져 있어. 너 식물과 동물들 안 봤어?"

"그게 뭐?"

"일이 그렇게 이루어질 수밖에 없었다는 거지. 모든 건 생명체 탄생을 위해 정해진 방식으로 흘러온 거야!"

"너 무슨 말을 하는 거야! 그건 그저 우연이었을 뿐이야! 운명의 장난이라고! 여기는 모든 게 엉망진창이야. 이리 왔다 저리 갔다…. 결국에는 당연히 이런 원자 무리들이 생겨나는 거고. 이제 조금만 더 기다려 봐. 멋진 걸 보게 될 테니…."

"잘 들어. 솔직히 너희는 아는 게 거의 없다는 걸 받아들여야 해." 코코가 끼어들었어.

"잠깐, 너희가 나에 대해 뭘 아는데? 나는 바다에서 왔어. 보자… 하나, 둘, 셋…." 황이 말했어.

"아이고! 그걸 다 세려고?" 다른 두 수소가 말했어.

"그럼, 세야지. 그러니까 4억 4,000만 년 전이었어. 그래, 나는 바다에서 4억 4,000만 년 전에 왔어. 들어가고, 나오고, 올라갔다,

화가 났던 이유

내려갔다, 몸이 부서질 지경이었지. 그런데 이제 와서 나에게 뭐라고 말하는 거야? 내가 몸이 부서지도록 움직여야 하는 이유가 생명체를 만들어 내야 해서라니! 아이고… 너 바보니?"

"어쨌든 넌 아주 멋진 것들을 보았을 거 아냐. 내가 바닷속에 있을 때 어떤 일이 있었어?"

"자, 로몰로. 어서 이야기해 줘." 그와 함께 있던 두 수소 가운데 하나가 말했어.

"음, 물론 나는 놀라운 것들을 보았어. 많은 일을 겪었지. 내가 어디로 가고 있었냐면…."

"말 잘 해야 돼. 그는 작가라고…."

"알겠어…. 단어를 진지하게 골라서 쓸게. 자… 기체 세계로 들어가는 건 쉽지 않았어. 나는 두 개의 작은 수소 원자와 함께 바다로 돌아가고 빠져나오는 구불구불한 길을 따라가야 했지. 내가 자유를 얻었다고 생각했을 때, 바람이 나를 다시 바다 위로 던졌고 형태 없는 원자 덩어리가 나를 물에 잠기게 했어…. 아이고! 표현이 좀 괜찮아?"

"브라보!" 다른 수소들이 말했어.

"그리고 새벽빛이 장밋빛 손가락을 내밀어…."

"아주 좋아! 계속해."

"하늘을 물들였을 때, 나는 바닷물에 붙들려 하늘로 치솟았어. 공기에 있는 원자 중에 나 같은 이야기를 가진 원자가 많아."

"멈추지 말고 계속 이야기해 봐."

"그래, 고마워. 나는 바람을 타고 돌아다니면서 지켜봤어. 우주에서 그 큰 공은 계속 빙빙 돌고 있었지. 그때 우리 원자들은 모두 한 번도 본 적 없는 세계, 다시 말해 먼 육지와 끝없는 바다의 역사를 함께했어. 내가 듣기로 수백만 년 전에는 위에서 내려다봤을 때 좀 더 축축한 곳들만 녹색으로 보였대. 거기서 해초는 이미 물가를 뒤덮고 있었고, 바다의 구불구불한 흐름에서 수년만에 벗어나 육지를 차지했지. 바닷속으로 다시 떨어졌다가, 갑작스럽게 속도가 붙어 아주 높은 곳으로 날았다가, 지구 주위를 돌고또 돌면서 나 자신이 우연에 따라 움직이는 보잘것없고 쓸모없는 늙은 원자 같다고 느꼈어. 이런 말투는 더 이상 못 쓰겠다. 그러니까… 나는 망했다는 말이야!"

"아냐! 그런 말 하지 마! 잘하고 있었어!"

"그리고 이 사건은 날 정말… 네가 생각하는 것보다도 더… 난…"

화가 났던 이유

"아냐…."

"그럼 내가 한번 이야기해 볼게. 내가 원하는 걸 말하는 거야. 알겠지?"

"있잖아…. 내 생각에 너는 구조가 바뀌지 않고 가지런한 결정에 들어가면 좋을 것 같아." 수소가 말했어.

"아! 결정 정말 예쁘지! 언젠가 나는 거기 들어가 있었어. 아이고! 나는 이산화탄소 분자를 만났는데, 걔들은 나에게 바다에 간다고 말했지. 말이 다였어. 2시간 뒤에 누가 왔게? 날 저버린 바로 그 분자였어. 그냥 가…." 황 원자는 이 말을 하면서 질소 분자와 부딪쳤어.

"바다로 가라고, 가!"

나는 그 틈을 타서 내가 가장 궁금해하는 주제를 꺼냈어. '생명체는 어떻게 태어났을까?'라는 주제 말이야.

"내가 어떻게 알겠어? 다시 한번 말하지만, 이 뒤죽박죽 속에서 원자들은 아주 이상한 방식으로 서로 쉽게 합쳐진다고."

지금까지 나는 이 질문에 대답할 수 있는 이를 아무도 만나지 못했어. 어쨌든 로몰로는 내가 몰랐던 다른 것들을 이야기해 줬지. 예를 들면, 로몰로의 이야기를 듣고 나는 내가 본 식물이 수중식물의 후손이라고 짐작할 수 있었어. 그건 그렇고, 황 원자가 한 말 기억해? 4억 4,000만 년 전쯤 그가 바다에서 나왔을 때, 바닷가가 점점 풀과 나무가 우거진 땅으로 변해 갔다고 말이야. 황 원자가 나에게 말하기를, 시간이 흐르면서 육지에 처음 왔던 식물들은 물 밖에서 자신의 무게를 지탱하기 위해 더욱 단단한 구조를 만들었대. 줄기나 기둥이 있는 식물이 나타날 때까지 말이야. 씨앗도 마찬가지로 점점 발달했고, 그 덕분에 식물이 육지 전체에 퍼질 수 있었지.

또 로몰로는 날개가 없던 최초의 곤충이 적어도 6,000만 년 후에 나타났다고도 나에게 알려 줬어. 그가 몰랐던 건 지구에 날개를 가진 곤충도 있었다는 거야. 나는 이 사실을 수천만 년이 더 지나고서야 알게 되었어. 멋진 잠자리가 내 전자들의 공간으로 들어왔을 때였지.

로몰로의 말을 들으면서 나는 육지 동물들도 내가 바닷속에서 본 동물들의 후손일 거라고 믿게 되었어. 실제로 황 원자는 자신이 본, 물에 들락날락하던 최초의 동물이 물고기와 아주 비슷했다고 말해 줬지. 하지만 그의 말에 따르면, 두꺼비처럼 물 밖에서 오랜 시간을 보낼 수 있는 진정한 양서류를 보기까지 적어도

화가 났던 이유

1,500만 년이 걸렸다고 해.

나는 이 모든 이야기에 매우 빠져들었어. 그런데 어느 순간 산소 분자 하나가 황 원자와 매우 세게 부딪치더니, 황 원자는 결국 내 곁을 떠나고 말았지.

"아이고오! 왜 이렇게 미는 거야? 원하는 게 뭐냐고. 아이고! 바다로 가, 가라고…." 황 원자는 투덜대면서 사라졌어.

움직이는 대륙들

만약 뭔가가 바뀌면,
다른 것도 늘 바뀌기 마련이지.

피오 심플리초
수소 원자

혹시 대륙들(아메리카, 유럽, 아프리카 등)이 언제나 지금과 같은 곳에 있었다고 생각한다면, 제대로 틀렸어. 내가 바다에서 나왔을 때 대륙들은 모두 단 하나의 덩어리로 뭉쳐 있었어. 하지만 늘 그랬던 건 아니지. 그전에도 그 후에도 말이야. 로몰로가 나에게 말해 줬어. 이전에는 오직 남쪽 대륙들(아프리카, 남아메리카, 오스트레일리아, 인도, 남극)만 서로 뭉쳐 있었고, 시간이 좀 지나서야 나머지 것들도 붙게 되었대. 그런데 내가 그때부터 지금까지 신기한 모습을 봤어. 바로 대륙들이 오늘날에 이를 때까지 점점 나뉘는 모습이야.

먼저 육지를 둘러싸고 있던 몇몇 바다가 그 거대한 덩어리를 꿰뚫고 서쪽으로 나아갔어. 수백만 년에 걸쳐 물은 점점 더 많은 공간을 차지하게 되었지. 물에게 조금씩 좋은 날이 온 거야. 짜잔, 그렇게 유럽과 아프리카가 나뉘었어. 그러니까 이제 막 생긴 대서양은 점점 더 넓어졌고 북아메리카는 홀로 떨어졌지. 마지막으로 남아메리카는 아프리카에서 떨어져 나왔고 대서양이 남쪽으로 열렸지.

원자 하나로는 알 수 없는 이러한 변화로 다른 것들도 많이 변했어. 바다는 흐르는 길을, 바람은 방향을 바꾸었고, 메말랐던 곳에 꾸준히 비가 내리게 되었지. 간단히 말해서 이 행성 방방곡곡의 기후가 바뀐 거야.

나는 곧 흥미로운 사실을 알게 되었어. 기후가 변한 어떤 곳에서는 수천 년이 지나서 그전까지는 없었던 동식물이 보인다는 거야. 그곳의 동식물들은 바뀐 기후에서 잘 살아갈 수 있게 발달된 몸을 가지고 있었지. 그리고 로몰로는 그게 단지 우연일 뿐이라고 말했어. 정말 그럴까….

강자의 법칙

원자로 살면서 나쁜 점이 있다면
우리가 누구도 도울 수 없다는 거야.

피오 심플리초
수소 원자

하늘에서 떠돌아다니며 땅을 바라보는 일은 정말로 멋졌어. 하지만 어느 순간 어떻게 하면 시간을 더 잘 보낼 수 있을까 하는 고민이 들었지. 나는 머지않아 내가 지구에 비로 떨어질 건 잘 알고 있었지만, 내 물방울이 언제 어디로 갈지는 알지 못했어. 나는 육지에서의 여행을 마무리하며 새로운 모험을 할 수 있기를 바랐어. 약간 두려웠지만 말이야. 하지만 나는 8,000만 년 넘게 기다려야 했어. 그동안 나는 자그마치 87번을 비로 떨어졌는데, 결국 늘 바다로 가게 되었지.

나는 많은 시간을 공기에서 보내면서 바람에 끌려 다녔어. 그러다 종종 지구의 한곳을 중심으로 수천 킬로미터의 거대한 원을 그리고는 했지. 하지만 속도와 거리가 너무 대단해서 동물들이 어떻게 사는지는 관찰할 수 없었어.

그래서 로몰로가 말한 것처럼 우연히 우리가 나무줄기나 잎사귀에 얽히게 되면, 그때는 축제였어. 지난번과 무엇이 달라졌는지 감상할 수 있었기 때문이야. 우리에게 지난번은 수백만 년 전이기도 했어.

나와 내 친구들을 숨 막힐 듯 놀라게 한 어떤 사건을 너희에게 이야기해 줄게.

로몰로를 만난 지 700만 년이 지났을 때 나는 파충류가 지구에 점점 더 많아지고 있다는 걸 알게 되었어. 닮은 점으로 따지면 파충류는 양서류에서 갈라져 나온 거야. 파충류는 시간이 흘러 뼈대가 더욱 단단해졌고, 물에서 멀리 살 수 있도록 호흡기관도 발달했어.

어느 날 동틀 무렵에, 나와 내 친구들은 초원 바로 앞의 식물 잎사귀에 맺힌 이슬에 있었어. 그런데 무슨 일이 일어났는지 알아? 어느 순간 엄청나게 큰 소리가 들렸고, 우리는 위아래로 거세

게 흔들렸어. 물론 소리로 인해 공기의 부피가 줄어들고 옅어지면서 그런 거였지만, 도대체 무슨 일이 일어나고 있었던 걸까? 마치 이상한 동물의 울음소리 같았어.

멀리서 거대한 식물 덩어리처럼 보이던 것이 움직이고, 넓어지고, 높이가 늘어나고, 점점 더 커졌어. 우리는 거대한 다리, 아주 길고 소름끼치는 꼬리, 마지막으로 짧고 통통한 목에 받쳐진 머리를 보았어. 머리는 푸른 하늘을 배경으로 두드러져 보였지. 거무스름한 혀가 부르르 떨리더니 거대한 몸체는 또다시 섬뜩한 울음소리를 냈어. 그리고 초원에 나타난, 풀을 먹고 사는 자그마한 파충류를 덮쳤어. 누가 이길지 뻔한 싸움이었지. 그 먹잇감은 꼬리와 한쪽 다리가 잘렸는데도 거대한 몸체의 입에서 벗어나려고 애썼어. 그러고는 결국 끔찍하게 갈기갈기 찢긴 시체가 땅에 떨어졌지. 뒷다리와 꼬리는 더 이상 없었고, 등은 물린 자국으로 패인 데다, 등뼈는 둘로 나뉘었어. 하지만 눈은 여전히 살아 있는 동물의 눈이었지. 우리 쪽을 바라보던 그 눈은 우리가 줄 수 없는 도움을 바라는 것 같았어.

강자의 법칙

어떤 식물 속에서

우주 속에서 새로운 우주를
발견하는 일은 끝이 없을 거야.

피오 심플리초
수소 원자

 나는 이런 장면을 보는 게 싫어. 그걸 떠올릴 때 나는 그때 로몰로가 옳았다고 말하지. 세상은 잘못 만들어졌다는 생각 말이야. 그래, 모두 우연히 일어난 게 틀림없어. 그렇지만 내 생각이 바뀔 때도 있어. 어쩌면 기분이 좀 더 좋은 때나 멋진 모험을 겪은 때일 수도 있지. 그건 그렇고, 몇백만 년이 지나 나는 비가 되어 지구로 돌아오게 되었어. 떨어지는 동안 나는 식물과 동물의 비밀을 알고 싶은 마음이 커서 육지로 가기를 바랐지. 그런 마음이 들었을 때 나는 아주 기뻤지만 두려움도 커졌어. 어떤 운명이 나와 내 친구

코코와 구스타보를 기다리고 있었을까?

우리는 물방울 속 많은 물 분자 가운데 하나였어. 우리가 들어가 있는 물방울은 떨어지는 동안 분자를 여럿 잃었고, 어떤 풀줄기의 꼭대기를 세게 때리며 여행을 끝냈지. 얼마 지나지 않아 우리를 비롯한 분자 무리들이 그 물방울에서 떨어져 나와 어떤 키 작은 나무 옆의 맨땅 위로 좀 더 멀리 튀었어. 거기서 다른 물 분자들이 우리와 합쳤고, 우리는 모두 함께 땅속에 묻힌 아주 얇은 물길을 따라 다시 떨어졌어. 깜깜한 어둠이었어. 우리의 여행은 어느 순간 멈추었지.

나는 우리가 다시 증발할 거라고 생각했지만, 잠시 후 우리는 어떤 뿌리의 작은 구멍 속으로 우리를 모두 밀어 넣는 아주 거센 힘의 압력을 느꼈어. 그 문턱을 통과하자 미는 힘은 위쪽으로 강해졌고, 우리는 거의 몇 센티미터를 단번에 올라갔지. 그러고는 속도가 점점 느려지더니, 앞서가는 분자들이 나를 끌고 가는 듯한 느낌이 들었어. 나는 내 뒤를 따라오던 분자들에게도 똑같이 했어. 그들의 전자에 내 양성자의 끌어당기는 힘을 쓴 거야.

어느 시점에 물 분자의 긴 행진이 멈췄고, 그 순간 빛의 파동이 우리에게 밀어닥쳤어. 원자 사이의 결합이 군데군데 끊어졌고

어떤 식물 속에서

많은 분자가 증발해 뿌리에서 다른 분자들을 불러왔어. 다시 한번 나는 우리가 증발할 거라고 생각했어. 하지만 우리는 또 다른 강한 힘을 받았지. 어떤 막을 통과한 다음 우리가 마치 모든 종류의 원자로 가득 찬 공 안에 갇힌 것 같았어. 그게 뭐였는지 알아? 하나의 세포였어.

나중에 나는 식물뿐만 아니라 동물도 가지런한 세포들로 이루어져 있다는 걸 깨달았지. 음, 내가 세포 안에 있는 건 그때가 처음이었어. 그곳에서 나는 탄소 원자, 수소 원자, 산소 원자, 인 원자, 질소 원자를 많이 보았어. 믿을 수 없을 만큼 복작복작했지. 원자와 분자가 끊임없이 오가고, 새로운 무리가 연이어 생겨났어. 그때쯤에 코코가 나에게 말했어. "이제 끝이야…. 우리는 갈라지게 될 거야."

그런데 아직 끝난 게 아니었어.

트리케라톱스와의 만남

기쁨은
눈물에서 태어나기도 해.

코코 암모니아칼레
수소 원자

    알다시피 나는 원자잖아. 그러니까 나는 원자로서 역사를 다르게 겪고 있는 거야. 바로 모든 것의 안쪽에서 말이지. 예를 들어 내가 식물 안에 있다면 나는 그 속에 대해서만 이야기할 수 있어. 반면 너희는 바깥쪽에 대해서 말하게 되지. 너희는 식물은 보지만 그 안의 원자들은 볼 수 없으니까. 그래서 너희가 모든 것의 속을 관찰하려면 애써야 하는 거야. 반대로 나는 너희에게 이야기를 들려주기 위해 바깥쪽에서 모든 것을 바라보려 애써야 하지.

    그럼 이번에는 나와 내 두 친구가 어떻게 헤어지지 않았는지 너희 입장에서 이야기하도록 애써 볼게.

몰랐을 수도 있으니 다시 말해 줄게. 쉽게 말해서 나는 어떤 식물의 잎 속에 있었어. 식물은 뭘 하지? 태양에서 나온 빛 파동의 도움으로 물 분자와 이산화탄소 분자를 산소 분자와 포도당 분자로 바꾸지. 포도당 분자는 수소·탄소·산소로 이루어져 있어.

그러니까 내 운명은 탄소와 함께 분자가 되는 것이었을지도 몰라. 하지만 아슬아슬하게 그 일이 일어나지 않았어. 왜 그런지 알아? 그 근처로 공룡이 한 마리 지나갔거든. 트리케라톱스였어. 우리는 공룡 시대에 있었던 거야. 약 2억 4,000만 년 전이었지! 나는 그 공룡을 처음에는 제대로 보지 못했고 나중에야 볼 수 있었어. 곧 그게 언제였는지 너희도 알게 될 거야.

공룡은 코끼리보다 약 1.5배 더 컸어. 머리는 2.5미터 길이에 뿔 세 개가 달려 있었는데, 뿔 두 개는 좀 더 길고 코 위에 놓인 한 개는 짧은 편이었어. 몸은 뼈 같은 판으로 덮여 있었고 꼬리는 짧았지. 너희 눈에는 가죽이 두꺼운 그 동물이 그렇게 보였을 거야. 농부가 쓰는 가위처럼 나무와 잎을 자를 수 있는 이빨 덕분에 트리케라톱스는 풀을 먹고 살았어. 내가 들어 있던 식물을 보자 트리케라톱스는 목을 늘려 줄기 가운데에 입술을 대고 이빨로 줄기를

깨끗이 잘라 냈어. 혀로 나뭇가지, 잔가지, 잎사귀를 목구멍 쪽으로 밀어 넣고 키 작은 나무의 절반을 잘게 쪼갰지.

이제 너희는 내가 코코, 구스타보와 함께 그 거대한 짐승 안에 있는 모습을 상상해야 해. 어느 좋은 날 공룡은 잠에 들었고, 아침에 일어나서 '팟!' 하고 눈꺼풀을 열었어. 우리가 들어 있던 작은 눈물방울은 눈의 윗부분에서 내려와 그 짐승의 눈알 앞쪽에 퍼졌고 잠시 후 증발했지. 그렇게 우리 셋은 기쁜 마음으로 그 동물을 뒤로하고 하늘로 올라갔어.

우리가 한 번도 본 적 없는 거대한 동물 속에 온종일 머무른 사실을 알게 되었을 때 얼마나 놀랐을지 너희도 상상할 수 있을 거야. 우리는 매우 큰 위험에서 벗어나 새로운 모험을 할 수 있는 자유를 되찾았지!

얼핏 새 같기도 하고

새들을 보려면
7,000만 년 뒤로 가라….

2억 1,000만 년 전의 예언

그 후 수백만 년 동안 나는 빗방울에 실려 몇 번이나 더 바다에 빠졌어. 그러는 동안 바다에서는 놀라운 변화가 일어났어. 나는 바닷속에 떠다니거나 천천히 회전하는 작은 동식물이 많아진 걸 알아차렸어. 그와 동시에 바다 밑바닥에는 광물이 된 해골과 지금은 영원히 사라진 동물들의 뼈가 쌓여 가고 있었지. 그것들은 산소 분자와 함께 규소 원자를 이루었어. 규소 원자들은 언제나 나와 함께 수다를 떨 준비가 되어 있었지.

운명이 나에게 육지 여행을 허락한 덕에 나는 시간이 흐를 수록 공룡이 어떻게 변했는지를 알 수 있었어. 나는 어떤 원자들이 최초의 공룡들은 개보다 크지 않고 다리가 두 개뿐이었다고 말하는 걸 들었어. 그 공룡들이 달리는 걸 보면 얼마나 웃겼을까! 그 후 시간이 흐를수록 공룡은 점점 더 커졌대. 아마 높은 나무에 닿으려면 큰 몸과 긴 목이 필요했을 거야. 이게 확실한 이유인지는 모르지만…. 별로 궁금하지 않았어. 나는 거대한 원자 무리들이 합쳐져 동물이 되고 스스로 움직인다는 사실에 이미 매우 놀랐기 때문이야. 날개 달린 최초의 곤충, 그러니까 날아다니던 원자 무더기는 말할 것도 없지.

  날개 달린 도마뱀을 처음 봤을 때 나는 무척 놀랐어. 약 1억 5,000만 년 전에 있었던 일이야. 나와 내 친구들은 어떤 연못에서 막 증발해서 하늘에 떠 있었어. 나는 얼핏 파충류가 날고 있는 걸 본 것 같아. 두개골, 이빨, 길고 앙상한 꼬리는 딱 봐도 파충류의 모습이었지. 하지만 날개와 깃털이 달려 있고, 부리 같은 것도 있었어. 그게 딱히 무엇이었다고는 말할 수 없어. 하지만 훨씬 나이가 든 지금에 와서 내가 경험한 것들로 미루어 볼 때, 그건 더 이상 파충류라고 할 수 없지만 아직 새가 되지 못한 동물이었던 것 같아. 어쨌든 진정한 새를 보려면 더 오랜 시간이 지나야 했어.

눈송이가 되어

1억 년 후 나는 그전까지 보지 못한
동물과 식물들을 보았어.

피오 심플리초
수소 원자

수천 년 후에 나는 비슷한 동물을 또 보았어. 그것의 모습은 약간 바뀌어 있었지. 날씨가 정말 아름다운 날이었어. 뜨거운 공기의 흐름 때문에 우리는 동쪽으로 수천 킬로미터 이동했지. 나는 10미터 길이의 날개를 가진 동물이 내 옆에서 살벌한 눈으로 풀을 똑바로 바라보며 사냥감이 살짝 움직이기를 기다리는 걸 보았어.

그날 우리는 북쪽으로 방향을 틀었어. 저녁쯤에 반대 방향에서 몇몇 산소·질소·이산화탄소 분자가 왔는데, 그게 날씨가 바뀐다는 신호였어. 잠시 후 우리는 차가운 공기와 부딪쳐서 하늘 높이 올라갔어. 다음 날 아침 우리는 눈송이를 이루었고 새벽녘에 떨어지기 시작했지.

이웃 분자에게서 벗어나려는 시도는 헛수고였어. 날이 너무 추워서 우리는 눈송이가 되어 어떤 산의 얼어붙은 땅 위로 떨어졌지. 모든 원자는 침묵을 지켰고, 파동을 내뿜을 수 없었어. 그렇게 우리는 봄을 기다렸지만, 봄이 와도 얼음은 녹지 않았어. 47번의 봄 동안 똑같은 일이 일어났어. 48번째 봄에 우리는 마침내 움직일 수 있었지. 그때 물방울은 높은 산의 호수로 곧장 우리를 데려갔고, 거기서 수백만 년 동안 머물렀어. 겨울에는 추위 때문에 굳은 채로 지냈고 봄에만 겨우 움직일 수 있었지. 그 오랜 시간을 거치는 동안 나는 언젠가 다시 증발해서 지구의 놀라운 변화를 마음 편히 관찰할 수 있으리라는 희망을 놓지 않았어.

지금으로부터 5,500만 년 전에 지구 기후가 바뀌었어. 움직이는 데 쓸 에너지가 더 많아진 덕분에 우리는 떠날 때가 되었다고 느꼈어. 몇 년이나 지났는지 제대로 세지는 않았지만, 적어도 5,400만 년 전에 열흘 내내 비가 내린 어느 가을이었지. 호수는 넘쳐흘렀고 모든 분자가 계곡으로 떨어졌어. 이제 우리는 어떤 강에 들어가게 된 거야.

눈송이가 되어

그렇게 떨어지는 동안 나는 돌 사이에서 튕기고, 높은 곳에서 떨어지고, 소용돌이쳤어. 그리고 물에서 처음 떠올랐을 때 나는 난생처음 꽃을 보았어. 그건 마치 자유를 되찾은 우리 모두에게 주는 선물 같았지. 인 원자는 나에게 지구의 첫 번째 꽃이 4,000만 년 전에 솟아났다고 말해 줬어. 나는 또한 새·곰·개·사슴·뒤쥐 등 한 번도 본 적 없는 동물들도 보았어. 내가 마지막으로 지구 위를 날았을 때는 그 동물들이 지구에 아직 없었거든.

나는 동물 세계의 바뀐 모습에 깜짝 놀랐어. 행성은 아주 많이 달라져 있었고, 동물들은 그곳에서 살아가기에 꼭 알맞은 몸을 갖추고 있었지.

아직은 말이 아냐

오늘날과 같은 모습의 말이 나타날 때까지
5,000만 년이 걸렸어.

피오 심플리초
수소 원자

원자의 삶을 바꾸는 데는 많은 게 필요하지 않아. 내 운명은 나를 또다시 바다로 빠뜨렸지. 그런데… 그 강에 누가 물을 마시러 왔는지 아니? 바로 고대의 말이었어. 잠깐, 5,400만 년 전의 말이 지금과 같았을 거라고 생각하는 건 아니겠지!

너희도 지금쯤이면 인간이 알아차리지 못하더라도 지구의 모든 것이 변한다는 걸 이해했을 거야! 그 말은 크기나 주둥이가 강아지와 좀 더 비슷했어! 그리고 발굽은…. 실은 발굽이 아니라 앞발에 발가락이 네 개, 뒷발에 발가락이 세 개 있었지. 그 동물이 물을 더 쉽게 마시려고 강물에 다리를 담그고 있을 때 내가 똑똑히 봤어.

"안 돼, 안 돼, 안 돼! 이 짐승 속은 싫어!" 코코가 소리쳤어.

하지만 그땐 이미 늦었어. 나는 그 말의 입술과 이빨을 보았고(오늘날의 말과 달리 송곳니도 가지고 있었어!), 그 후에 쏙… 우리는 그 속으로 빨려 들어갔어. 나는 여러 관과 구멍을 통과한 다음 정맥과 모세관을 통과했고 마지막에는 식물 안쪽에서와 같은 일이 일어났어.

우리는 작은 공 속에 모여 있게 된 거야. 그리고 거기에서 나는 약간 흔들렸고, 우리는 서로 떨어져 버렸어. 누구 때문이었냐고? 내가 웬만해서는 보지 못한 분자 때문이었어. 글쎄, 삶이 그렇지. 원자들이 모인 무리는 영원하지 않아. 작별 인사와 눈물은 아껴 두어야지.

그 순간부터 나는 내 마음과는 달리 수만 개의 분자에 들어가게 되었어. 어쨌든 그 가여운 말이 목을 축이는 걸 도왔다는 게 우리의 작은 기쁨이었지.

내 생각에 몇 시간이 지난 후였던 것 같아. 먼저 큰 소동이 있었다가 갑자기 거의 움직임이 없어졌어.

아직은 말이 아냐

정확히 무슨 일이 있었을까? 나는 결코 알 수 없었어. 그 말이 죽었다는 건 분명해. 어쩌면 사나운 동물이 갈기갈기 찢어 버렸을지도 모르지. 나는 내가 그 시체 속에 며칠 머물다가 결국 땅에 묻혀 수천 년 동안 머물렀다는 건 잘 알아. 원자에게는 그리 긴 시간이 아니라 그동안 함께한 수많은 원자와 정이 들지는 않았지.

어느 좋은 날, 나는 무언가의 안으로 빨려 들어가게 되었어. 옛날에 겪었던 일로 비추어 볼 때, 그 속은 세포 같았지. 땅에서 막으로 뚫고 들어간 나는 나 자신이 어디에 있는지 궁금해졌어. 그렇게 홀로 떨어진 세포는 바다에서만 본 적이 있었지. 그때쯤에 무슨 일이 일어났는지 너희는 절대 짐작하지 못할걸. 나도 결코 상상 못 할 일이 일어났거든.

내가 그 속에서 누구를 만났는지 알아? 분자들이 생겨나고 녹던 어지러운 그곳에서, 나는 어느 순간 디노와 마주쳤어!

"디노?" 내가 물으면서 말을 이었어. "아니, 믿을 수가 없네, 너 디노 몰레콜로 맞아?"

"피오와 디노가 지금 만날 확률은 0.0000000000000000000000000000000000000000000000000000000000000000000000000000000000000000000000

아직은 말이 아냐

000000000000000000000000000000000000000000000000000000000000000000000000000001이지만, 내 사랑… 내가 여기 있어! 나 맞아, 디노 몰레콜로. 쿼크와 전자도 모두 제자리에 있어."

나는 믿을 수가 없었어. 그래서 그를 샅샅이 살펴봤지. 그러고는 기쁨에 넘쳐 말했어. "내 사랑! 바로 너구나! 언제부터 여기 있었던 거야?" "하루밖에 안 됐어. 그건 그렇고 너에게 할 말이 정말 많아!"

"그럴 시간이 있으면 좋겠다. 그런데 우리는 지금 어디에 있는 거야?"

"여긴 박테리아의 안쪽이야. 메테인을 만들어 내는 곳이지. 그러니까 여기에서 메테인 분자가 만들어져서 밖으로 빠져나가는 거야."

"멋지네! 우리가 다른 수소 원자 두 개랑 탄소 원자 하나도 찾아볼 수 있겠다. 함께 무리를 이뤄서 행복하게 하늘로 가는 거야!"

"자, 가자…."

"잔니!"

"누구야?"

"잔니 카르본키오. 내 친한 친구인 탄소 원자야."

그렇게 디노는 나에게 잔니와 마음씨 좋은 두 수소 원자도 소개해 주었어. 우리는 메테인 분자를 이루었고, 행복한 파동을 내보내며 박테리아 바깥쪽에 있던 공기 분자들 사이로 빠져나갔지. 내 삶에서 행복한 순간 중 하나였어.

아직은 말이 아냐

지구 역사상 가장 큰 재앙

그러고는 밝은 햇살이 짙은 안개를 뚫고 나와
살아남은 자연을 위로했어.

디노 몰레콜로
수소 원자

나는 디노에게 내가 얼음 속에 갇혀 있던 수백만 년 동안 무슨 일이 일어났는지 이야기를 너무너무 듣고 싶었어. 디노는 자신이 본 가장 아름다운 모습은 1억 년 전쯤 나타난 꽃들이라고 했어. 디노 말대로라면 그 같은 식물이 짧은 시간에 지구를 차지했고, 육지는 믿을 수 없을 만큼 다양한 향기와 과일로 풍성해졌대.

이제 나는 익숙해져서 꽃이 없는 지구는 상상할 수 없어. 더욱이 지구가 태양계에서 가장 아름다운 행성이라는 디노의 말이 맞다고 생각해.

그런데 내 친구는 내가 운 좋게 지구 역사에서 가장 큰 재앙을 겪지 않았다고 말했어.

"이제는 공룡이 없다는 걸 눈치 채지 못했어?" 디노가 나에게 물었어.

"그러네. 공룡이 안 보이잖아…. 다 어디로 간 거야?"

"멸종했어…."

"무슨 말이야?"

"살아 있는 공룡이 하나도 없다는 말이지…."

"그게 무슨 소리야?"

"말 그대로야…."

"그럼 다 어디로 갔어?"

"대폭발 이후에 다 죽었어…."

"어떤 폭발?"

"1,200만 년 전에 우주에서 온 거대한 소행성이 지구를 거세게 들이친 거야."

"하지만 그건 전설이잖아! 나도 늘 듣던 이야기인데…."

"그게 전설이라고 생각해? 내가 제대로 말해 줄게, 그때…."

"너… 그때 거기에 있었던 거야?"

지구 역사상 가장 큰 재앙

"난 육지에서 4,000미터쯤 위에 있었어."

"그 소행성이 지구와 부딪치는 바람에 공룡이 모두 죽었다고 말하지는 말아 줘!"

"먼지 구름이 일어 지구 전체를 덮었어."

"아…."

"먼지는 태양을 가렸고, 우리 원자들이 거의 움직이지 못할 만큼 기온이 떨어졌어. 빛이 없으니 대부분의 식물이 죽었고 식물을 먹고 살던 동물들도 죽었지. 그다음으로 그 동물을 먹고 살던 동물들도 죽었고 말이야. 하늘은 매우 불안했어."

"아…."

"공기에 있는 많은 질소 원자와 산소 원자가 합쳐지면서 돌을 녹슬게 하는 산성비가 내렸지."

"끔찍하다."

"그리고 공기가 급격히 뜨거워지면서 나무와 풀이 말라붙었고 불이 일어났어."

나는 충격을 받아서 더 이상 아무 말도 할 수 없었어. 디노가 이야기를 끝내자 나는 그 후에는 무슨 일이 있었는지 물었어.

"살아남은 동물도 있었지?"

"아, 물론. 많은 동물과 식물이 살아남았어. 하지만 그때는 어느 것도 예전과 같지 않았지."

"어떤 점에서?"

"예를 들면, 살아남은 포유동물에게는 최고의 환경이었어. 고기를 먹는 포식자인 공룡이 더 이상 없는 거니까."

"그래서 별 탈 없이 그 수가 늘어날 수 있었구나."

"그뿐만이 아니야. 너도 알다시피 1억 년 전부터 공룡이 사라질 때까지 포유동물은 크기가 작고 눈에 잘 띄지 않았지."

"음, 지금 포유동물 중에는 훨씬 더 큰 것도 있잖아!"

"그렇지. 포유동물과 경쟁하던 공룡이 멸종된 이후로 지구에는 130종의 새로운 포유동물이 나타났어. 겨우 1,000만 년 밖에 안 걸렸지."

"그중 많은 포유동물은 몸집이 매우 크고…."

그 후 나는 입을 다물고 거대한 소행성이 아주 세게 부딪친 이후의 날들을 상상하려고 해봤어. 그러고는 모든 것이 지나간 후의 날도 상상해 봤지. 밝은 햇살이 거무스름한 안개를 뚫고 나와 살아남은 자연을 위로했을 그날을 말이야.

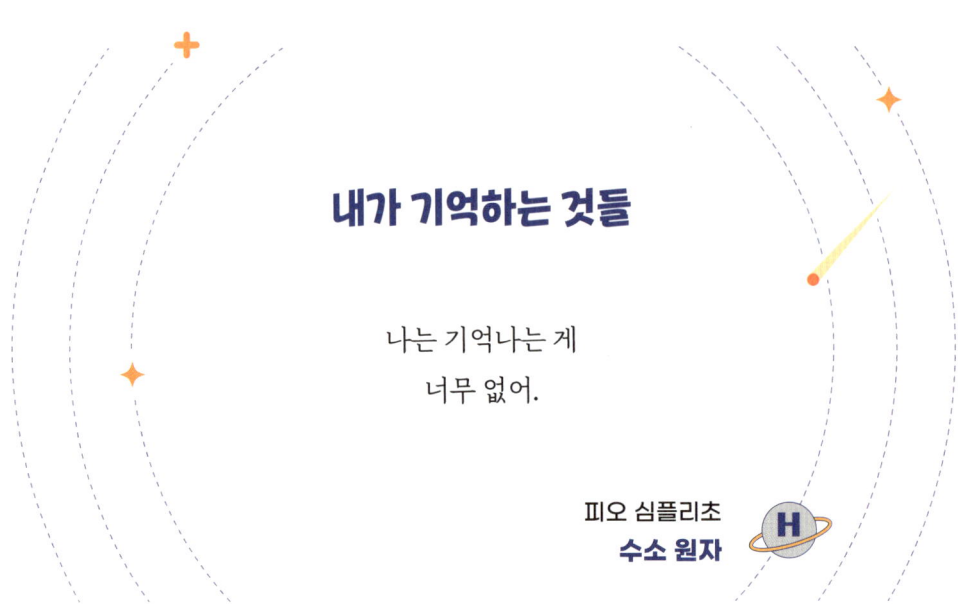

내가 기억하는 것들

나는 기억나는 게
너무 없어.

피오 심플리초
수소 원자

　그 사이 하늘을 떠돌아다니다 우리는 갖가지 일을 겪었어. 내가 기억하는 건 그다지 많지 않아. 박쥐가 우리를 빨아들였는데 금방 다시 빠져나왔고, 비 한 방울 때문에 땅 위에서 끌려 다니기도 했어. 나무껍질에 갇히고, 눈 속에 묻히고, 어떤 돌 밑에서는 77년을 보냈지. 폭포에 휩쓸려 떨어지기도 했고, 뒤쥐의 수염 한가운데를 통과하기도 했어. 맹금류의 깃털을 따라 미끄러지기도 했고, 바위 틈에서는 51번 증발했지. 우리는 여러 방향의 바람에 이끌려 날아다녔고, 14마리 호랑이의 허파 속에 들어가기도 했어. 바람에 실려 가는 꽃가루 알갱이에 매달리기도 했지. 또 바다에 들어간 수백만 개의 이산화탄소 분자에 부딪쳤고, 수천 개의 생명체 속에 들어갔어. 수백 개의 숲을 가로질렀고, 121송이의 꽃잎들 사이로 미끄러졌고, 840개의 산꼭대기를 스쳐 지나갔어. 과일 속에 섞이기도 하고, 이상한 원숭이의 머리카락 사이에 엉켜 있기도 했지.

　나는 대륙이 이동하는 것, 화산이 폭발하는 것, 육지에서 얼음이 생겨나고 녹는 것, 지진이 지구를 흔드는 것, 대륙 덩어리들이 부딪치면서 산맥이 생겨나는 것, 기후가 바뀌는 것, 바닷물의 높이가 오르내리는 것, 숲 전체가 연기에 휩싸였다가 다시 살아나는 것, 초원이 널리 퍼져 가는 것, 여러 동물 무리가 새로운 대륙에 다다르는 것, 수많은 종의 동식물이 생겨나고 멸종하는 것 등을 보았어. 내가 겪은 걸 모두 기억하기만 하면 나는 수백만 장을 더 써 나갈 수 있을 거야.

　170만 년 전쯤까지, 그러니까 적어도 5,300만 3,000년 동안 지구의 온도는 괜찮은 편이었어. 물론 기온이 낮은 힘든 시기가 두 번 있었지만 나는 딱 좋았어. 그건 바닷물이 흐르며 섞이기 때문이었지. 차가운 바닷물이 인도양·태평양·대서양에 이르러 열대의 따뜻한 바닷물과 섞이더니 남쪽으로 흘러간 거야. 그래서 극지방은 지금보다 따뜻하고 얼음이 없었지. 그러던 어느 날 남아메리카와 호주가 남극 대륙에서 '와지끈!' 하고 떨어져 나왔어! 남극 쪽에서 흐르던 차가운 바닷물이 남극 대륙 주위로 흐르기 시작했고 따뜻한 바닷물이 그곳에 더는 다다르지 못하자 얼음이 생겨났지.

이게 내가 가까이에서 본 변화였어. 그런데 그 시기에 내가 가장 놀라워했던 건 다른 거야. 너희만 괜찮다면 내가 양성자랑 전자를 좀 정리한 다음에 이야기해 줄게.

이상한 생명체의 등장

난 하늘을 관측하는
동물을 본 적이 없었어.

피오 심플리초
수소 원자

　내가 너희에 대해서는 아무런 말도 안 했지? 나도 알아. 어쩌다 보니 그렇게 되었네. 나는 지금으로부터 20만 년 전쯤 전에 너희 조상을 보았어. 부탁 하나만 하자면, 건방지게 굴지 말았으면 해. 가장 중요한 건 마지막에 온다고 말하지 마. 너희가 1억 년 후의 우주에 대해 뭘 알아? 그때쯤이면 인간은 아마 더는 우주에 없을 거야. 어쨌든 그때 나는 인간이 왔을 거라고 조금씩 느끼기 시작했어. 아, 결국 일어날 일이었지. 나는 그때 바다에 있었어. 얕은 바다 밑바닥에서 아름다운 산호초에 들어 있던 칼슘 원자가 육지에 머무를 때 너희와 같은 모습을 하고 두 발로 걷는 동물을 보았다고 말해 줬지. 불가사리 속에 있던 탄소 원자도 똑같이 말했어. 정말이지… 나는 이런 이야기를 들으면서 속으로 생각했어. '그게 사실일까?'

그런데 나에게도 그 일이 일어났어. 유인원과 비슷한 동물을 본 거지. 내가 그걸 처음 본 지 100만 년은 넘었을 거야. 그 후로 나는 너희와 조금씩 비슷한 동물을 점점 더 많이 보기 시작했어. 그리고 20만 년 전쯤 마침내 그 모닥불의 밤이 왔지.

먼저 폭풍우가 몰아쳤어. 바람 때문에 나는 3일 동안 어떤 섬 주위를 아주 높이 돌게 되었어. 그러고는 모든 것이 가라앉았지. 나는 다시 높이 올라가게 될까 두려웠는데, 그때 아주 큰 흙먼지 알갱이가 나를 아래로 끌어내렸고 가벼운 바람이 나를 초원으로 데려갔어. 나는 그곳에서 뛰어오르며 공기 중에서 몇 시간을 보냈어. 그 후에 나는 다시 위로 조금 올라갔고 나무 잎사귀 하나에 걸려 있었어. 그러다 밤이 왔지. 그리고 어느 순간 모닥불 주위에 있던 최초의 호모 사피엔스를 보았어. 그래, 나는 그들을 바로 앞에서 본 거야. 너희의 조상을….

이제 그 당시 내가 어떤 상태였을지 상상해 봐. 나는 그저 화

학 결합에 익숙한 하나의 원자일 뿐이었어. 그게 다야. 나는 이미 너희 입장에서 동물, 식물 그리고 다른 이상한 것들을 마주한다고 생각해 보려고 많이 애썼어. 그러니까 기분 나빠하지 않았으면 해. 나에게 호모 사피엔스는 탄소·수소·산소·소듐·칼슘·인·마그네슘·포타슘·철·아이오딘 등 원자들의 무리일 뿐이었어. 납작한 얼굴, 튀어나온 코, 수염, 아주 검은 피부를 가졌지만 말이야. 흠, 만약 그들을 꼭 다른 동물과 비교해야 한다면…. 글쎄, 나는 그들이 몇 가지 독특한 점을 가지고 있었다고 말할 수 있어.

첫째, 그들 가운데 한 명은 머리를 뒤로 젖히고 적어도 20분 동안 별이 뜬 하늘을 쳐다봤어.

둘째, 다른 한 명은 남들의 관심을 끌고 싶은지 계속 툴툴댔어. 하지만 정작 누군가 다가올 때마다 발길질을 했지.

셋째, 그들 가운데 가장 나쁜 이는 우두머리였어. 모두가 그를 공경하면서 무서워했지만, 불이 꺼지기 전에 더 나쁜 자가 나타나 그의 자리를 차지했어. 그러고는 모두가 이전 우두머리를 때렸어.

넷째, 그들은 몇 시간이고 특별한 음파로 이야기를 나누었어. 그리고 나는 그들 가운데 하나가 하늘을 올려다보며 말하는 걸 보았지.

이상한 생명체의 등장

다섯째, 그들은 어딘가에 쓰려고 일부러 만든 듯한 도구를 사용했어.

나는 그전까지 이런 행동들을 하는 동물을 본 적이 없었어.

여기에 적지 않은 나머지는 그전에 이미 본 것들이야. 즐거워 보였다가, 슬퍼 보였다가, 서로 벼룩을 떼어 주고 쓰다듬는 행동 등 말이야.

나는 아직 이 새로운 종의 동물이…. 아니, 이제 더 이상 동물이라고 말할 수 없겠네. 아무튼 나는 인간이 이 행성을 그렇게 많이 바꿀지 몰랐어.

머릿속의 기억 그리고 하늘

모든 원자의 삶은
우주의 위대한 비밀의 한 조각이야.

철학자 코시모 아리스토텔레스
아르곤 원자

2,497년 전 어느 오후, 운명은 우리를 아테네로 데려갔어. 흰 수염을 길게 기른 늙은 철학자가 정원에서 혼자 걷고 있었지. 운 좋게도 나는 그의 주위를 빙빙 돌게 되었어. 적어도 그의 얼굴을 또렷이 보고, 그가 어떤 표정을 짓고 있는지 알고, 그가 웃는 모습을 볼 시간이 있었지. 그는 자주 생각에 잠기는 편이었고 얼굴빛이 좋았어. 우리는 먼저 그의 한쪽 콧구멍으로 튀어 올랐고 콧속으로 빨려 들어갔어. 점막이 우리를 밀어내는 것 같았지만 우리는 다양한 분자와 함께 목구멍 쪽으로 끌려들어 갔어. 그러다 가벼운 기

침에 입속으로 들어가게 되었지. 그곳에서 우리는 질소·탄소·산소·수소 원자로 둘러싸여 있었고 떨어져 나오려고 무척 애써야 했어. 긴 여행의 시작이었지.

이것만 말할게. 많은 우여곡절 끝에 나와 디노는 뇌세포 속으로 들어가게 되었고, 약 2년이 지난 다음 여러 원자들과 함께 뇌세포의 여러 갈래 중 하나로 이동했어. 우리의 임무는 거기에 영원히 머무르는 거였어. 글쎄, '그가 죽을 때까지'라고 말해야겠지. 그 후 몇 년 동안 나는 우리가 이러한 방식으로 그 철학자의 머릿속에 기억이 남도록 돕는다는 걸 알게 되었어. 우리처럼 수천조의 원자가 같은 이유를 위해 일했지.

우리가 옮겨 다니고 새로운 인연을 맺을 때도 있었지만, 이후로는 모든 게 이전처럼 돌아갔어. 그게 행복한 기억이었는지는 모르겠지만, 그렇다고 생각하고 싶어. 어쩐지 쓸모 있다고 느꼈거든. 내가 움직이지 않음으로써 어떤 사람이 기억을 간직하는 걸 도왔기 때문이야. 어쩌면 그가 잃어버렸을 옛날의 한 조각이었을지도 모르지.

철학자가 죽고 난 후, 2,497년 동안 새로운 모험을 이어 가면서 나와 디노는 수소 분자가 되었어. 그래서 지금 우리는 함께 공

기 속을 자유롭게 돌아다니고 있지.

　이것이 내 삶이었어. 이렇게 원자마다 자신의 삶이 있고, 우리는 모두 함께 우주의 역사를 꾸려 간단다.

우주여행을 마치며

자, 드디어 내 자서전이 끝났어. 끝? 어떻게 '끝'이냐고? 물론 나는 타고나기를 뭔가가 끝난다고 생각하는 게 익숙하지 않아. 특히 내 삶에 관해서는 말이야. 300년, 30만 년, 30억 년 후에도 우주가 계속 존재하고, 내가 그 속에 있을 거라는 걸 알거든. 어쩌면 먼 훗날 나는 이 책에 내가 기억하는 이야기들을 많이 덧붙일 수도 있어. 아니, 어쩌면 너무 건방진 생각일지도 몰라. 언젠가 우리 원자에게도 끝이 있을 수도 있지. 우리는 아마 점점 더 걸쭉해지는 수프를 만든 다음 다시 한번 폭발할 거야. 우리가 탄생하기 전에 일어났다고 하는 폭발처럼 말이야. 그렇게 해서 아마도 각각 원자의 이야기들로 가득 찬 또 다른 우주가 생겨나겠지.

우리가 다시 만나게 될지 누가 알겠어! 또 보자!

- 피오 심플리초 -

추신

실례할게. 피오가 나에 관해 쓴 걸 읽었거든.

다음번에 나는 피오랑 말도 섞지 않을 거야.

내 성격은 피오가 말한 것처럼 그렇게 나쁘지 않아!

애정을 듬뿍 담아

- 울적한 자 엘리오 부르베로가 -

수소 원자 피오의 우주 대탐험
빅뱅에서 생명체 탄생까지

초판 1쇄 2022년 8월 19일

지은이 루카 시오르티노
옮긴이 최보민

펴낸이 김한청
기획편집 원경은 김지연 차언조 양희우 유자영 김병수
마케팅 최지애 현승원
디자인 이성아 박다애
운영 최원준 설채린

펴낸곳 도서출판 다른
출판등록 2004년 9월 2일 제2013-000194호
주소 서울시 마포구 양화로 64 서교제일빌딩 902호
전화 02-3143-6478 팩스 02-3143-6479 이메일 khc15968@hanmail.net
블로그 blog.naver.com/darun_pub 인스타그램 @darunpublishers

ISBN 979-11-5633-461-3 73440

* 잘못된 책은 구입하신 곳에서 바꿔 드립니다.
* 이 책은 이탈리아 외무부에서 수여한 번역지원금을 받았습니다.
  (Questo libro e' stato tradotto grazia ad un contributo del Ministero degli Affari
  Esteri e della Cooperazione Internazionale Italiano)
* 이 책은 이탈리아 문화부 도서독서협회(CEPELL)의 지원으로 번역되었습니다.
  (This work has been translated with the contribution of the Centre for books and
  reading of the Italian Ministry of Culture.)